だいわ文庫

ひとり老後、賢く楽しむ

岸本葉子

大和書房

老後の不安はあげるとキリがない
孤独死
老後破産
どうしよう…ひとりの老後って、大丈夫…？
老後資金は○○千万円必要!
老人ホームいつ入る？
年をとるって寂しい…？
何才までひとり暮らしできる??
子どもは面倒見てくれる??
ひとりで考えるだけだと、不安は大きくなるばかり…
しょんぼり
いろんな人に話を聞いて
「ひとり老後」の明るい迎え方考えてみました。

はじめに

「人生100年時代」という言葉をよく聞くようになりました。長い人生を迎えることへの不安の声は、新聞やテレビ、身近な人からも多く耳に入ってきます。

私は現在58歳、自宅マンションでひとり暮らし。

30代の頃から老後は気になっていたけれど、年を重ね、父親の介護も経験した今になって想像する老後は昔と違います。

昔よりもリアルに老後をイメージするようになった私が、50代から90代のごく身近な一般の方々にお話を伺いながら、老後の気になることについて考えたのがこの本です。

お金のこと、家のこと、からだのこと、そして年をとるという未知の領域やその先にありそうな孤独など、不安を数えればきりがありません。特にわたしはひとり暮らしで子供もいないので、自分が父親にしたような介護をしてもらうことはありません。

しかしいろいろな方のお話を聞きながら考えるうちに、自分の不安が小さく思えたり、解決策が見つかったりと、気持ちが軽くなってきました。

老後といっても、いつ人生が終わるかは誰にもわからない。私は40代で大きな病気を経験しましたが、今は長生きをする未来を心配しています。

第3章でお話を伺ったファイナンシャルプランナーの中村芳子さんは、「1ケ月後に死んでも、120歳で死んでも、満足な人生。それを両立させるのが良いファイナンシャルプラン」とおっしゃっていました。これはお金のことだけではないと思います。

長い人生（どのくらい長いかはわかりませんが）、不安を数えて縮こまるのではなく、変わっていくことを受け入れてしなやかに生きたい。

私自身がいろいろな方のお話を伺うなかで気持ちが軽くなったように、この本を通じて読者の方にも、人生の行く先に少しでも明るいものを見つけていただけたら幸いです。

ひとり老後、賢く楽しむ◎目次

第2章　老後の理想の住まい、どんな家？

第3章　老後は人生の1割と考える　お金の計画

第4章　人生後半こそ、自分のイメージと真逆のことを始める

第5章 80代、90代でひとり暮らしの人の暮らし方

第6章　残りの人生がもったいない！疲れる人間関係はリセットする

第7章　老後という「ひとりプロジェクト」を完成させよう

第1章

家で暮らす？
老人ホームに入る？

今の家、何歳まで住むつもりで選びましたか？

老後を考える上で住まいは、多くの人が考える問題だと思います。

住まいについて考えるタイミングは、たぶん2段階があるのではないでしょうか。30代～40代に、賃貸のままか持ち家にするかをまず悩み、どちらを選んだとしても60代ぐらいからまた、その家でいつまで暮らせるかが気になりはじめる。いわゆる老人ホームや高齢者向けの施設も視野に入ってきます。

2段階を合わせれば、住まいについて悩んでいる時期は結構長いです。これで大丈夫、という落ち着きを得られるときが、なかなかこない。

私は36歳のときにローンを組んで今の家を購入し、住み続けて20年以上になります。30過ぎで購入を考えはじめたときから、高齢者のための福祉が充実している自治体に住むという方針がありました。

そのとき住んでいた市が、高齢者のそうした施策が割合行き届いており、全国でも先進的な取り組みをしていると聞いて、なら、この市で探そうと。

例えば〈リバースモーゲージ〉と言って、持ち家があると将来介護を受けるとき、そのときの家の評価額、もし2千万としたら、その2千万円の範囲で有償《ゆうしょう》のケアをいわば「買う」。家を売らずに住み続け、亡くなった後に清算する、という仕組みがあります。

ふつうはサービスを「買う」とすると、まず家を売ってお金に換えないといけない。すると、住むところはどうしましょう、となる。そこを、持ち家を手放さずに死後清算できるのです。その仕組みをこの市がはじめたと聞き、心強く思い、でもその制度を活用するには、持ち家がなければだめなのだなとわかりました。

マンションのチラシをずっと見ていましたが、これはと思う物件になかなか出合えませんでした。後で気づいたのですが、チラシは新築物件の広告がほとんどなので、限られるんです。36歳のあるとき、駅前の不動産仲介会社にふっと立ち寄り、「この市で探しています」と話したら、中古物件を含めて紹介され、その中のひとつが今の家です。

20年前に想像した老後と、今想像する老後は違う

ただ36歳で「ここだったら老後もいいな」と思うのと、実際に20年住んでみた感じは違ってきます。「年とってからは無理かな」と感じることがいっぱい出てくるのです。

例えば、わが家はマンションの割に天井が高いです。36歳ではそれも「年をとってずっと家にいるようになっても、開放感があっていいわ」と思っていました。窓も結構多いです。リビングも三方に窓がある。それも同じく「年をとってずっと家にいるようになったら、開放感があっていいわ」と。

でも天井が高いと、電球を替えるのに脚立の最上段に登らなければならない。

3段の脚立を買って、その最上段でつま先立ちしていましたが、危なっかしくなって、4段の脚立、しかも最上段に手すり付きのに買い替えて、それでも電球の取り替えはやはり負担に。

窓が多いのも、外気の影響を受けやすくて、冬は寒く夏は暑くて、体にこたえます。そういうふうに、36歳の時点では年をとったときの利点だと思っていたことが、体の状況がだんだんに変わってくると、「そういうもんじゃなかった」とわかってきました。

家の内部だけでなく場所も、1回変えようかなと思ったことがありました。40歳で病気をし、それは36歳でここの住まいを購入したときは計画にまったくなかったことです。通っていた病院が都心にあって、到着までに1時間はみないといけない。治療したばかりの頃は通院も頻繁で、弱った体には負担だし、治療の後遺症でまだときどき入院もしていました。

突然の入院で、後から何かを家に取りに行きたいなと思っても遠いし、タクシーだとお金がかかる。病院に近い都心に家を買い替えるか、買い替えずにこの家を人に貸して、その収入で自分はワンルームでもいいから都心に借りて住もうかと、病院の近くの不動産仲介会社に行くまで、思い詰めたのです。

でも都心は買うにしろ借りるにしろ高いので諦め、がんばって通院しているうちに、通院も入院も頻繁でなくなり、結果的には今の家に住み続けられました。

80代父親の介護経験が役立ちました

引っ越さずになんとか住み続けてきて、病気との向き合いも一段落したところで、家のリフォームをしました。エイジングを考えてのリフォームです。

この家の弱点でもあった、窓の多さから来る外気の影響の受けやすさは、インナーサッシを取り付けて二重窓に、それができないところは窓ガラスそのものを2枚重ねのものにしたりして対応。1階のため床の冷えも厳しかったのです。

これも36歳で購入するときは「1階で専用庭がついているから、年をとったら庭いじりができていいわ」と能天気に考えていて、下からの冷えにまったく気づきませんでした。それに対しては、床下に断熱材を張り込み、その上にガス床暖房の設備を敷き、その上に床を張りました。

老後を見据えての工夫は、他にも。扉も左右に引く方が、手前に引くより高齢になると開け閉めがしやすいので、引き戸に変えました。

　また、高齢になると夜中のトイレが頻繁になるので、トイレと寝室を近くにしました。トイレは独立させず、脱衣所兼洗面とつなげ、浴室の前までひと続きに。親の介護を在宅で5年間していて、そのとき得た気づきが大きかったです。

　介護に通いやすいよう、自分の家の近所にマンションを探して、父に住んでもらったのですが、親の老いの予測と現実がどんどん離れていくことを経験しました。

　例えば探しはじめたとき、親が将来、室内で車椅子で暮らすことになることを考え、「車椅子で入れるトイレのあるマンション」を条件にしていました。

　でもふつうの民間住宅のトイレはそんなに広くなく、それを条件にしていたらいつまで経っても見つからない。車椅子で入れるトイレは諦めて、では「緊急時に通報のできるマンション」に。購入したマンションにはセコムの通報システムがついていて、何かあったら緊急時対応センターと話ができるし、来てもらえるというので、私はこれは万全だなと思ったのです。

ところが85歳の親が住んでみると、通報スイッチがもう覚えられなかった。認知症もはじまっていたようです。

スイッチは大きくて目にはつきやすいので、何だろうと思うのか、押してはセコムの人が来てしまうことを繰り返し、ガムテープで保護して「さわらない」と赤で書いて、親が押せないようにするという、悪い冗談みたいになってしまった。ことほどさように、年をとってどんな住まいが最適かは予測しきれない。

リフォームに活かせる学びは、他にもありました。

親のために買った家は手すりはついていませんでした。介護保険を申請したら、専門家が来て親の動作を見て、それに合わせて必要なところに手すりをつけてくれました。費用も1割負担ですみました。

エイジングを見据えたリフォームというとまず、手すりって思うけれども、必要になってからでいいのだと思いました。前もって予測でつけるより、必要に応じたものになるでしょうし。私のリフォームでは手すりはつけず、将来つけることになった場合に備え、つけられる下地を壁に仕込んであります。外からは見え

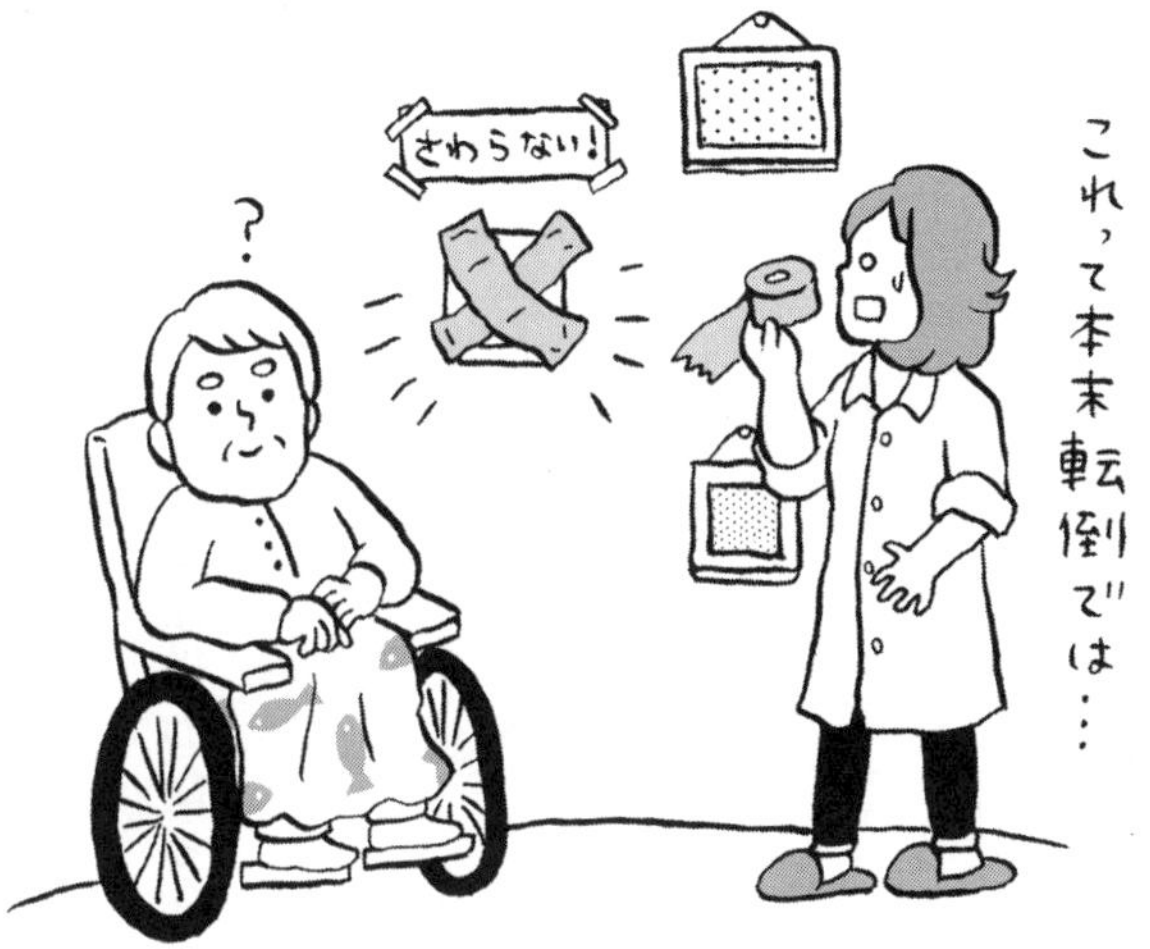
さわらない！
？
これって本末転倒では…

ませんけれど、叩くと音でわかるそうです。

「終の棲家」のつもりでも、どうなるかはわからない

あんまり早すぎても、実際にどうなるかわからないことはたくさんあります。調理台のコンロも年をとったら火事の恐れの少ないＩＨがいいのだろうと思いつつ、今はやっぱり火が使い慣れているのでガスにしました。ガスと電気と両方引いてあり、将来火が心配になったら、ＩＨに変えられます。

トイレを独立型にしなかったのは、親の介護のとき、ふつうの個室のトイレだと前からいろいろするしかなくて、「便器の横に行けたらどんなにいいだろう」と思っていたからです。なので自分の家のリフォームでは、トイレにもともとあった個室の壁を取り払い、洗面所とひと続きにしました。

そうした高齢者仕様を企図しながらも限界はあって、狭いところにトイレ、洗面台、間に洗濯機まで詰め込むと、便器の横のスペースはそうとれない。建築上

の制約もあって、そもそもトイレの入口の幅が、車椅子では通れそうにない。完全な備えはできないとわかりました。

「やっぱり、なるべく元気でいるしかない」、それがいちばんというのが、エイジングを見すえてのリフォームをした感想です。

父のために買ったマンションも、住んでいた人が売りに出したものですが、売り主さんは当初終《つい》の棲家《すみか》のつもりでいました。70代の夫婦で、ここで老後を送るつもりで買ったそうです。

セコム付きで、管理人さんも9時～17時でいる。エレベーターがあって、集合玄関から外へはスロープもついている。リビングにしかなかった床暖房も全居室とキッチンにまでつけ、二重サッシもつけ、自分たちで完全に高齢者仕様に。でも、ご主人の方が思いのほか長く仕事を得て、新たな勤め先が遠くて通勤がたいへんなので、手放すことにしたそうです。

70代でも、まだ早かった。終の棲家のつもりでもそうはならないこともあると学びました。

今から家を「高齢者施設」のようにしなくても……

私も最初は終の棲家のつもりで、今回のリフォームをしました。ところがリビングの床が、車椅子でも傷つきにくいものを頼んだつもりがそうでなかった。後でわかって、結構ショックでした。親の介護の経験から、これから張るんだったら車椅子対応の床がマストだなと思っていましたが、住んでみたらスマホを落としても凹む。車椅子になったら、たちまち傷だらけだなと。

でもよくよく考えたら、親も室内でも車椅子で暮らすようになったのは88歳。30年も先の、しかもそのとき、そうなるかならないかわからない車椅子のことを想定し、「失敗した」ってめげていても仕方ないなと思いました。傷つきやすさ以外の点では、とても気に入っている床です。

30年も経てば、車椅子どうこう以前に、床そのものが張り替えの時期を迎えていることも十分あり得ます。リフォームをもう1回してもいいわけだし。

あんまり先まで考えることは、意味がないかもしれません。

リフォームしてよかったのは、「完全なシニア対策ができた」ではなく「シニア対策もほどほどできた、今現在がとても楽しい」ということです。〝ほどほど〟というのは、気になっていた外気の影響や下からの冷えはかなり防げて、浴室も寒くなくなったので、家の中の温度差によるヒートショック対策もできた。電球はＬＥＤに変えたので、ふれこみどおりなら10年は電球替え問題もないはず。

将来への対策としてはまだ不完全ですが、その不安より、好きなテイストの中に住んでいるという今の満足感が上回ります。

シニア対策を最優先し、いきなり手すりをつけ、壁紙なども防汚性を条件にすると選択肢が狭まり、家が高齢者施設のようになるというか。そこで何十年と過ごすのは、ちょっとつらいかも。

好きなテイストにすると、この家に長く住み続けたいという気持ちが強まり、健康づくりにも精が出ます。

洗面所は床を白いタイルにしたのですが、掃除がたいへんではあります。表面が少しざらっとした石みたいなタイルで、かわいくはあるけれど汚れがつきやすい。髪の毛が1本落ちても目立つし、リキッドファンデーションが一滴飛んでも肌色のしみがつく。ビニールクロスなら楽だったろうなと思います。

昨日の夜も、寝る前に歯をみがいていたら、汚れに気づいて突然掃除をはじめました。使い古しの歯ブラシに歯磨きペーストをつけて、しゃがんで擦《こす》りはじめる。前はそんなこと絶対しなかった。

掃除はすることはしていたけれど、動機からして違いました。かつてはマンションの資産価値を下げないためが主。もしかして売るかもしれないときに、あんまり傷んでいたら買い手がつきにくくていけないなと。今は、資産価値は頭にありません。せっかくかわいく作った家が汚れたら残念、その一心です。

超高級シニア向けマンションは夢のような設備だった！

高齢者施設も、住まいの選択肢のひとつです。見学は早いうちからがいいと、以前からファイナンシャルプランナーの畠中雅子さんがおっしゃっていました。差し迫らないうちからたくさん見ておいた方がいい、将来どんなところが自分に合うかとか、自分の中で大事にしたいこととかがわかるからと。

私も見る機会は何回かあり、印象的だったのは、俳句のご縁で存じ上げている80代後半の女性のマンション。マンション内にみんなで集まれる部屋があり、食事もとれるので句会をしましょうとのお誘いでした。20人くらいの句会だったと思います。

行ってみたら、臨海地区にある30数階建てのタワーマンション。句会をする部屋もよくある集会室を想像していたら、結婚式場の一室のような広くてきれいなガラス張りの部屋で、テーブルには真っ白いクロス。窓からは、隅田川を行く船が見下ろせる。右手にスカイツリー、左手に東京タワー、目の前には聖路加国際病院、がん研究センターと、医療機関にも恵まれたロケーションです。

句会がはじまったのは夕方の早いうちで、暮れてきたら夜景が美しいこと！

食事はお弁当と聞いていましたが、折詰ではなく塗りの器に入ったものを、黒服の給仕係が一人ひとりに出してきます。ご飯は温かく、お吸い物は熱々で。入っている業者さんは関西の有名割烹でした。句会と食事の後は、最上階の天空ラウンジで、夜景を眺めながらコーヒーを。

建物内にはフィットネスあり、プールあり。クリニックもあって、ちょっとした不調はそこで治せて、対応できないときはクリニックと提携の病院に行ける。認知症になっても出なければならないことはなく、認知症のケアの受けられるフロアに移って終生そこで介護を受けられるそうです。

後で人に話したら、そこは有名な高齢者施設で、「あそこを最初に見たらダメよ。他のどこを見てもちゃちく思えてしまうから」と言われました。

帰りに玄関にあったそこのパンフレットをもらってきましたが、月々の支払いは20万円台で意外と高くない。でも入居一時金が5千万とか1億とか。

住むだけでなく、食事も運動もクリニックもよそに行かなくてすむ。元気なうちからそういうところに住み、将来の不安なく、現役時代を謳歌する。ひとつの理想形かなと思いました。でも資金的に、それができる人は限られるでしょう。

近所の施設の見学にさっそく行ってみました

それがきっかけで、近くの施設をホームページで見るようになり、その中のひとつを実際に見学に行きました。はじめて知ったことがたくさんありました。

私の見学したところは「介護付有料老人ホーム（一般型特定施設入居者生活介護）」。これを読んで何のことかわかる人は、ほとんどいないでしょうけれど、この「特定施設」というのが、私にはとても大事だと思いました。介護保険に申請して、認定された介護度に応じた額いっぱいを使った介護を、この施設で受けられるということらしいです。

介護保険を利用せずに、介護サービスのすべてを「買って」いたらたいへんです。私が施設に入るとしたら、そこに住みながら介護保険を使っての介護を受けられるところにしたい。

これまでも雑誌や新聞で高齢者施設の記事を見つけると切り抜いて保存するけ

れど、正直、こういう類型が頭に入らなかった。でもこれからは「特定施設」かどうかは必ずチェックしよう。そう実感できただけでも、見学に行ってよかったです。

医療との連携は何らかの形でほしいです。親の介護のときに何が不安って、家にいて具合が悪くなることでした。

ほんとうに倒れたら迷わず救急車を頼みますが、高齢者の症状の出方は緩慢《かんまん》です。単に疲れているのか、眠いのか、寝ればすむのか、それともただちに処置を要する危険な状況なのか、家族には判断がつかない。

思いきって救急車を依頼したこともあります。それでもすぐに病院にかかれるとは限らないのです。なぜか夜間、それも土日とか正月に具合が悪くなることが多く、そうすると夜間救急や休日救急をしているところはわずかで、お医者さんの数も少ない。救急車が出発できるまで50分かかったときもありました。

救急隊員の人が電話で探してくれるのですが、ダメ、また次もダメ。そういうことがあると聞いていたので、親が通っていた大病院に付き添いで行ったとき先生に話しておいたのです。家にいて夜、具合が悪くなったりしたら不安だと。「いつでも来てください。消化器外科の○○の患者ですって、電話口で言ってください」と言われて心強く思っていました。

が、実際に具合が悪くなったとき、まずその病院の夜間受付に電話して「これから救急車で行きます。消化器外科の○○先生からいつでも来るように言われています」と告げると、「でもベッドがありません」。

救急隊員の人にまた、「何々病院の患者です。電話したらベッドがないって言われましたが、消化器外科の○○先生からいつでも来るように言われています」と、その病院の診察券を示して訴えましたけど、「先生方はみんなそう言うんだよね」と救急隊員の人に言われて、がっくり来ました。

費用の問題もあります。親を在宅で介護していた最後の方では、施設を探す話もケアマネージャーさんとの間で出ていました。

そのときケアマネージャーさんから言われました。ある程度の医療行為のできるところがいい。そうでないと、施設に例えば月々30万払って、そこをキープしたまま病院にまた入院代を払うと、二重にお金がかかってたいへんだからと。

「終の棲家」としての施設に求めることは何ですか？

施設に入るなら医療との連携がほしい。具合が悪かったら、処置が必要な状況かどうかを看護師さんに聞けて、看護師さんが危険と判断したら、何らかの医療行為ができる。施設と契約しているかかりつけ医が往診して、その管理の下で看護師さんが継続的なケアをする。それで対応しきれない場合は、病院を自分で探さなくても搬送してくれるとか、そういう仕組みのあるところがいい。

見学に行った施設は、その点はよいと思えました。パンフレットによると、24時間看護スタッフが常駐とあり、できる医療行為のリストもある。ただ、病院ではないのですべての医療行為ができるわけではなく、治療が必要になったら、病院へ移ることもあるそうです。

訪問診療を行っているクリニック4つと契約をしていて、入居者はその中から選んでかかりつけ医となってもらう。かかりつけ医となった先生は、月2回往診に来てくれる他、具合が悪くなったら看護師からその先生に連絡が行き、入院が必要だったらどこの病院に搬送したらいいかを、先生が決めてくれます。

退院するときも、入院した病院の医師に、施設の看護師さんが申し送りを受けて、適したケアを施設に戻ってからもするということです。通院の際は送迎もあると聞きました。

病気でなくても介護度が上がって、それでも住み続けることができるかどうかや、認知症のケアも受けられるかは、ぜひ確認したいところです。介護度が高くなったら出てください、認知症になったらいられませんでは、私にとっては入る意味がありません。

認知症が進行し暴力的になって施設を出された、という例もニュースなどで漏れ聞きます。私の見学した施設も、周囲への過度の影響がある場合は退所となるそうですが、実際にそうなった例は1つもないとのこと。そうなる前に専門医を受診し、投薬など適切な処置をすることで対応できているそうです。

何歳から施設に入りたいと思っていますか？

医療や介護の点でも、私の見学に行った施設はかなりよいと思えました。残る問題はやはり費用、そしてタイミングです。この2つは実は関連していますが、それは後から気づくことで、タイミングそのものをまずは考えました。安心が買えるからと言って、元気なうちから入りたいかというと、正直そこまでの決断はできそうにないです。

では、いったい、いつくらいから？　75歳以上が後期高齢者といわれますが、実際には85歳以上の超高齢者になってからかなという印象でした。

むろん年齢だけでは語れません。体の状況は大きいです。70代でも健康不安が強ければ入りたくなるかもしれないし、そうでなければ85歳でも、介護保険を利用しながら家に住み続けたいかもしれません。

見学した施設は、1階が比較的自立して暮らしている方、2階が医療行為の必要な方、3階が常時介護が必要な方でした。中まで見せていただいたのは2階、3階でした。

包み隠さず言えば、医療行為や介護を受けるのは、シニア一般の姿というよりは衰えが進んだ状況だという印象です。今の私が入居を現実的なこととして検討するのは、もう1段階、2段階あるというか、早すぎると思いました。

では自立型の1階に住んで、早くから安心を買えばいいか？

ひとつの理想ですが、そこで関わってくるのが費用の問題です。月々の費用が入居一時金とは別に必要と考えると、仮に20万として1年住めば240万。4年でもう1千万近く！　あんまり早く入りすぎたら、ほんとうに必要なときに資金が尽きてしまいそう。自分の資金状況ではできないと思いました。

収入がこれからは少なくなっていくときに、年に240万ずつ貯金をとり崩していくのは、心理的なハードルが高い。

費用以外の問題もあります。自立型とはいえ部屋の広さは限られており、家具を持ち込めるとしてもわずか。扉や床、壁紙なども自分の選んだものでは、当然ながらなくなってしまう。そこのつらさはありそう。なんとかひとりでやっていけるうちから、具合が悪くなったときの不安のために、好きなテイストに囲まれた暮らしを諦められるかというと、まだできない気持ちがしました。

今気になるポイントと、年をとってから気になるポイントは違う

施設内の雰囲気は明るくて、少人数のせいかいわゆる顔の見える関係でアットホーム。清潔感があり、日当たりもよく、屋上庭園は癒やしと開放感がある。でも立地は、今の私からするとつらいかも。

街からは離れてしまうので、今みたいにちょっと自転車に乗って——自転車に乗るっていう設定からして、いかに老後がまだリアルでないかっていう感じですが——自転車にちょっと乗っていけば商店街に行ける。ちょっとした輸入菓子を買うとか、かわいらしい雑貨で目の保養をするとか、服を買うとか、そういう街

商店街
NOTE

の暮らしは遠のきます。

もちろん、バスの時刻表に合わせて出かけ、お金があるならタクシーを呼んで、必要だったら付き添いを頼んで出かけることはできるけど、気軽に楽しむ感じではなくなりそう。

今の家は、駅からそう近くはないけれど、自転車なら5分、自転車に乗れなくなっても、今なら15分で行けるところをゆっくりゆっくり30分かけて歩いて行ける。雑貨屋さんの前で立ち止まったり、疲れたら喫茶店に寄ったりして休み休みしながらでも、できる。俗っぽい楽しみのようだけれど、そういう状況はまだ手放したくないと思いました。

そんなことを総合すると、施設の検討がリアルな段階ではないなと。検討が必要になるときは、気になるポイントがまったく違ってくるだろうと思います。

今、あたりをつけておいたところで、36歳のとき老後のためにと天井が高く庭つきの家を選んでしまったのと、同じことが生じかねない。今の自分の心配するポイントは、ずれているらしい。それを知っただけでも見学してよかったです。

金額の違いは心のゆとりにつながりそう

俳句のつながりから介護や医療付きの超高級マンションを見て、次にそこまで高くない施設を見学しました。

金額の違いは何だろうと、施設の方に率直に聞くと、高いからいいとは一概には言えないが、高いところは人員の配置にゆとりのあることが多いとのこと。

人員の配置にゆとりがあるというのを、入居者の身で考えると、自分のケアをしてくれる人がどれだけ忙しいか、どれだけこまやかな目配りや接し方をしてもらえるかに関係しそうです。そう思うと、何が何でも安いところを探す、というふうにはならない気がしました。

施設で働くスタッフの話で印象的なことがありました。資金的に余裕がある入居者や入居者の家族は、気持ちにもゆとりがあるのか、攻撃的なクレームや入居者同士のいざこざが少なく、職員もピリピリしていないと。

職員がピリピリしていると、入居者への接し方に影響し、入居者が心理的に不安定になるという悪循環に陥りかねません。

払えるお金が心の面や日々の質を決定するとは思いたくなく、誤解を招きそうで書くのがためらわれましたが、スタッフのリアルな感想として、聞き流せないものでした。

高い方がいいですとは結論できないし、結論したところで払えなければ仕方ないけれど、施設の内部の人だから語れる現実の一面かと思います。

入居金を安くするか、月額を安くするか

料金のプランと払い方は、思ったより柔軟性がありました。民間の施設といえばとにかく入居一時金が高い、というイメージを持っていましたが、入居一時金がゼロ円のプランも見学した施設にはあり、選択価格制をとっていました。

ゼロ円プランを利用して、自宅をバリアフリーに建て替えている間だけ入居し

たり、病院から退院して次の受け入れ先が決まるまでの間だけ入居したり、そうした事情がなくてもお試しで入居する人もいるとのこと。

ゼロ円プランだと月額利用料は高くなってしまうけれど、施設のそういう使い方もあると知りました。最初はゼロ円プランで入って、気に入ったら、後から入居一時金のあるプランに変えて、月額を下げることもできるそうです。

入居一時金はいちど払ったら絶対返ってこないというわけではないです。

3ケ月のクーリングオフ期間があるから、入ってみて合わなかったら、他の契約と同じくふつうに解約できます。3ケ月過ぎ退去した場合も返戻金がありますが、全部ではなく計算方法が定められているので、検討の際よく読んだ方がよさそう。

柔軟性で言えば、申し込みのタイミングもいろいろでした。これについては、一般の特養といわれるものとはずいぶん違います。

特養すなわち特別養護老人ホームは公的なもので、入居一時金は不要、月額利用料も安め。

待機期間の長さがニュースなどでよく取り上げられますが、早めに申し込んでおけばいいというものではない。自分の番が来てもし見送ったら列の最後につかなければならないとか、そもそも申込順ではないとか聞きます。

見学した施設では、早めに申し込んでおいて見送っても一から並び直すのではないので、安心材料として申し込む人がとても多いとのこと。

空きが出たので施設長さんから電話すると、「今、元気だからパスして」「今回はスルーします」などそんな回答が明るい声で返ってくると。そう聞くと、申し込みというのをそんな深刻に、一世一代の決断のように考えなくてもいいのかなと思いました。

入居一時金の返戻金のあることも含めて、ひとことで言うと「取り返しのつく選択かも」という印象です。安心材料として申し込んでおくなんて、見学に行く前の私の発想にはありませんでした。

自宅の処分は難しいところです。施設の制度としては取り返しのつくようになっていても、自宅を処分してしまうと後には退けなくなってしまう。合わないとわかっても帰る家がないわけだから。

でも家を売らないことには入居一時金を作れない。悩ましいです。どうしても出たいとなったら、一時的に親戚なり、子供のいる人は子供なりを頼って、入居一時金の返戻金でどこかを借りて住むということになるかもしれません。

URの賃貸住宅は高齢者向き？

高齢者にとって結構いいのではと思ったのは、URの賃貸住宅です。URは国が所管する都市再生機構のことで、かつての公団住宅を運営していたところといえば、イメージしやすいかもしれません。かつての公団住宅を引き継いだだけでなく、さまざまな新しい住宅も建てています。

保証人が要らず、礼金、仲介手数料、更新料も不要。高齢を理由に入居や更新を断られることはなく、むしろ優先的に対応していて支援策も充実しています。

URに詳しい理由は、私自身、自宅のリフォーム工事の3ケ月間、URに仮住まいしていたからです。URとパートナーシップを組んでいる事業者からチラシで、月額千円未満で安否確認センサーやコールセンターの利用案内も来ていました。

賃貸だと釘ひとつ打てないと言うけれど、URは申し込めば手すりもつけてくれる。エレベーターのない建物では、階段がつらくなったら1階を斡旋してくれるとも聞きました。

リフォーム工事で3ケ月間住んでいたとき、実際にお隣が70代とおぼしきひとり暮らしの女性でした。URが気に入って、URの中で転居していて、お隣にも引っ越してきたばかりと言っていました。

その建物は比較的新しくて家賃が17万円もします。工事の間だけだからがんばって払うけど、もし私がその人の年齢で17万円出せるなら施設に入る方を選ぶかも、と一瞬思いました。

でも施設を見学に行った後は、お隣の人のあの元気さなら、まだまだ家で過ごしたいのがわかります。低所得の高齢者には家賃の減額措置もあるそうです。

ＵＲは競争率が高くなかなか入れないというイメージがありますが、新築でなければ抽選でなく申込順とのこと。年をとってからの住まいとして、持ち家とも一般の賃貸住宅とも施設とも違う選択肢になり得ると思いました。

病院よりもアットホームなターミナルケアの場として使う

施設のことに戻れば、シビアな話になりますが、ターミナルケアの場と考えることもできます。人生の終末期のケアです。ホスピス的なケアというと、ピンと来やすいかもしれません。

病院にもホスピス的なケアをするフロアがあります。そこでは治すための治療より、症状を緩和するためのケアや、ＱＯＬ（生活の質）を重視したケアになります。すると、医療行為のできる高齢者用施設で受けられるケアとあまり変わらなくなるのではと、見学した施設で思ったのです。

施設のかたのおっしゃっていたのは、病院のターミナルケアだと、例えばお正月はどうしても人が少なくなったり、お酒は飲めなかったりする。施設だとお屠蘇を出すなど、家にいるようなケアができる。

病院のホスピス的なケアのフロアも、必ずしも空きがあるとは限りません。本人が入りたいところを決めていても、いざとなったとき入れなかったのを心残りとしている家族が、私の知り合いにもいました。

終末期ケアの場としての施設。望ましい最期の過ごし方から逆算しての入所。そういう選択肢もあるのだなと思います。

話を聞いてみて
考えたこと…①

老後に豪華なプールやアクティビティは必要？

豪華なプールやさまざまなアクティビティがあり、介護や医療も受けられるワンストップ型のシニア向けマンションは、たしかに魅力です。

でも資金が限られ、限られた年数しか入れないとなると、自分にとって「なくていいもの」が見えてきます。別の高齢者施設を見学にいって、「ここに入るときの私にはもう、プールはなくていいな」と思いました。

趣味や娯楽のためのプログラムや設備が充実していても、入居をほんとうに必要とするときの私には、もうできないだろうと。

自分の特性からも考えました。ひとりで過ごすのが好きな私はアクティビティよりも、落ち着いて過ごせる個室を重視したいなと。「自分らしさ」からの検討、といえるでしょうか。もちろん「自分らしさ」も固定したものでなく、そのときどきで変わっていくかもしれません。

施設を見にいって、自分の住まいに対する愛着の強さを感じました。理想は家の近くに、豪華でなくていいから医療の充実した施設をみつけて、資金的に可能なら家を売らずに、ちょっと早めにそこに入って、昼間は自分の家で過ごし、夜は施設で寝る「通い入居」。

いいとこどりです。基本は、愛着のある空間で制約のない生活を楽しみ、不安の生じやすい夜間や、昼でも体調のおもわしくないときは、看護のセーフティネットの中に入る。そんな形での安心が得られたら、というのが夢です。

入居一時金を最初に払う代わりに、死後清算ができたら不可能ではないかもしれない。住んでいる市の取り組みとして述べた〈リバースモーゲージ方式〉です。でも民間の施設ではリスクが高すぎる。不動産の評価額も、何年施設で生きるかも不確定。費用を回収できなくなるリスクを伴います。

施設見学はありたい老後をより深く考えるきっかけになりました。施設を見る目と併せて、自分を見つめ直す目も養われそうです。

第2章

老後の理想の住まい、どんな家？

住み慣れた土地、家族の近く、どちらが安心？

よく言われるのが、年をとっても住み慣れた土地で暮らすのがやっぱりいいということです。この本では実際の声を知りたいと、50代〜70代とさまざまな年代のかたにお話を伺いました。そのかたの親の例を含めると90代まで、シニアに入りかけから超シニアまで、幅広い年代の声を聞いています。

親御さんたちの暮らしぶりからは、住み慣れた土地での縁というか、顔見知りの関係ができていて、助け合いのネットワークとして機能している印象でした。介護保険を利用して、自治体の福祉サービスを受けながら、個人的な厚意にも支えられて生きている。そういう姿に接すると、住み慣れた土地をあんまり早くから離れて、子供や親戚のところに引っ越すのはどうなのだろうと思いました。

いざ家を引き払って引っ越してみたら、子供は子供で忙しく、思ったほど頼りにならないこともあります。

気持ちとしては親切な子供でも、実際昼間は勤めに出ていて、夜しか帰らないような生活だと、一日の大半はいないのと同じ。それまでは近くに友人もいて、ときどきランチを共にできるような環境にいたのに、ただ子供のそばに行くというだけで、そうした環境を失うのはつらそう。

住み慣れた土地でなるべく長く頑張って、自分がそれまで培ってきた人とのつながりでもって助け合いのシステムを作る方が、かえって確実なのではという気がします。

一概には言えません。私の親はまさしく子供のそばへ引っ越しをしています。私たちきょうだいで介護しようということになり、親の家は通いにくいので、きょうだいの誰からもまあまあ通いやすい距離のところへ、引っ越してきてもらいました。割合うまくいったのは、親の前に住んでいたところで地縁がさほどできていなかった。それが逆に幸いしたのかも。その家にも引っ越して間もなかったのです。

介護のための家に移って、その町で子供たちが散歩に連れ出す中で、新たな地縁が形成されていきました。

すなわち新たに作ることも不可能ではないわけですが、わが家の介護はどちらかというとレアケースかもしれません。「お宅のように、子供たちが交代で介護にあたるというのはなかなかない」と周囲から言われましたし、地縁を作る気でいても思ったように行かないこともあるでしょう。

たまたまうまく行ったからといって「そちらがよい」とはおすすめできない。あくまでも選択肢のひとつとして提示できればと思います。

本人のキャラクターもあるかもしれません。父は割合、知らない人ともよく話して、散歩の付き添いをいちばん頻繁にしていた姉も同様でした。「新しい喫茶店を開拓した」などときょうだいでよく話していました。新しいところで地縁を作るには、ある程度飛び込んでいけることが大事そうです。

都心から郊外の賃貸に引っ越し、固定費が減った！……50代男性

都心住まいをやめて、思いきって郊外に居を移した50代男性がいます。ご本人曰く「プチ田舎」、東京の隣の県のUR賃貸に引っ越し。家賃は3万8千円下げることができました。

ものすごく辺鄙《へんぴ》なわけではないが、気軽に「外食しよう」となる距離ではない。夜の飲み会も断る理由ができた。付き合いは当然減ります。

最初はちょっとさびしかったけど、どうでもいい相手のつまらないグチを聞かなくてすむ。交際費も減らせる。昔は付き合いが昼2割、夜8割だったのが、今は付き合うとしても昼9割夜1割。外食代を減らせて、タクシー代も減らせて、都心に住んでいるときは固定費と思っていたものをかなり削ることができた。

そうした効果を考えてもどこに住むかは大きい、と思ったそうです。

賃貸なので、同世代で持ち家がありすでにローンを払い終わっている人からは「危うい」と言われます。でも本人としては、子供がいなくて教育費のかからないこともあり、今の住み方に対して言われるほどの不安は感じていなくて、むしろ節約効果の方を感じているとのことでした。

・最大の備えは、仕事を続けること

不安をあまり感じないのは、50代半ばというまだ働ける年代であること、しかもこのかたの場合、実力主義の働き方といいますか、フリーなので定年がなく実力次第でまだまだ収入を得られる、という背景も大きい気がします。定年を迎えるよりずっと早く会社を辞めてフリーになりました。

「最大の備えは仕事を続けること」という立場です。もちろん家賃を払えなくなったときのことは頭をかすめる。

地方都市の実家に戻るか、いやそこでは仕事はない。

妻と暮らしているので妻の実家に行くか、いやそれはポリシーに反する。

やっぱりできるだけ仕事をしていこう、というところに戻ります。

私は持ち家にしたけれど、都心にこだわらなければ一生賃貸というのも十分ありだと思います。日本全国で見ると家は余りぎみと聞くし、空き家対策や税収の問題から「住んで下さい」的な施策をしている自治体もあるようです。

病院からサ高住に引っ越して元気になった……80代男性

80代前半でサービス付き高齢者向け住宅（サ高住）にひとり暮らしをはじめた男性の話も聞きました。さきほどの50代男性のお父さんです。

サ高住とは、民間の賃貸住宅のひとつ。バリアフリー構造で、入居者の安否確認サービスと生活相談を受けることが義務付けられています。

その80代の男性は一時期入院していて、退院後サ高住に移ったら、入院前実家にいたときより息子の目からも見違えるように元気になったそうです。

バリアフリーだから活動しやすくなるのと、介護施設の個室と違いマンションのような独立した住戸なので、自由度の高いのがいいのでしょうか。外出や来客の制限もないところが多く、誰かを煩わせることなく生活できます。

食事の提供などのサポートは、家賃とは別に費用を払って受けられると聞きます。介護度が上がっていくと住み続けるのは難しくなるかもしれませんが、そのかたの今の状況には合っていた。住み替えが成功した例といえそうです。

ひとり暮らし、59歳で家をローンで買った！……70代女性

71歳のひとり暮らしの女性は59歳で家を購入。それまでは賃貸マンションに住んでいました。

20代後半の娘さんとの2人暮らしが結構ストレスだったそうで、援助してでも娘が家を出ていくようにして、やっとひとりに。自費でリフォームしてでも居心地よくしようと思ったとき、「そうだ、自分の家じゃないんだ、せっかく居心地よくしても、ある日突然、大家さんの都合で出ていかなければならなくなるかもしれないんだ」と気づいた。

遅まきながら頭金４００万円を払って購入し、今もローンがある。たいへんだけど、でも買ってよかったと言っていました。

・家が充実しているから節約も楽しめる

定年の65歳まで働き、フルタイムで勤務していたときはどうしても家には寝に帰る感じだったけれど、そうでなくなると家にいる時間が多くなる。そのとき家を整えておいたのは大正解だったそうです。

自分の家を買ってはじめてインテリアにめざめた、好きなものがようやくわかった。自分の美意識にかなったものをそばに置く。家がすてきに思えると生活そのものが明るくなる。

「家は基地だ」「住まいの充実、これは大事よ」と言っていたのが印象的でした。

そのかたの反省点は、現役のうちに繰り上げ返済をもっとしておけばよかったということです。フルタイムでなくなっても仕事はしていますが、給料がなくなってみると、ローンがこんなにたいへんだとは誤算だったと。

でもそこは節約で乗り切る。むしろ家が充実しているからこそ節約ができる。そういう良き循環が、持ち家を構えることで生まれたそうです。

・理想の住まいは都心の駅近

さらに印象的だったのは、70代のそのかたが居心地いいと感じている家が「窓からは美しい木々の緑が見えます」のような、自然の中の家では全然ないこと。電車の中吊り広告によくあるのは、定年後の夫婦をターゲットにしているとおぼしき温泉付きの一戸建て。東京まで特急で65分、畑仕事で汗をかいたらお湯につかって、高原の風に吹かれながら採れたての野菜を味わう、といったキャッチフレーズが並んでいます。絵に描いたようなリタイア後のイメージ。

あれはいったい何歳くらいの人が考えているんだろうと前々から思っていたけれど、少なくとも70代のその女性のイメージには、まったくない。

シニアといってもそれぞれに、自分にとっての好きな環境があるのだと思います。その女性は、商店街は外せないと言っていました。自分が育った環境も外に出ればすぐにお店のあるところだったし、人と喋らないと頭が回らないタイプなので、会話のある環境に身を置く方がいいとも。

私は
あんまり……

家族に車を出してもらいづらい人は、年をとったら運転できなくなることも考えないといけません。自分にとってどんなロケーションがいいか考える、ということですね。

娘と犬と賃貸暮らし。いつか一戸建てがほしい……50代女性

住まいはほんとうに人それぞれと、話を聞くほど実感します。さきほどの70代の女性が、駅前の商店街という、賑やかで雑多な感じもあるところに落ち着きを見出している一方、50代の女性は、海のそばの一戸建てに犬といっしょに住みたくて、理想の家を探している途中。

今の借家も条件はいいそうです。家賃８万５千円で、４ＬＤＫ、庭もあり駐車スペースもあり、海までは歩いて10分、日当たりもいい。娘さん１人、犬１匹と暮らしています。

ただ築年数は50年。そのかたにはお母さんとお姉さんがいて、彼らと話していると、年をとったらメンテナンスが楽なマンションがいいのかなとか、駅前がいいのかなとか、ちょっとぐらつくそうです。今の家は駅まではちょっと遠い。

　一方でマンションに住んでいる人からは、マンションだと洗濯機も周囲に音を気遣って自由に回せないとか、自転車の置き方も注意しないといけないとか、管理費が急に上がったとか、修繕も一律にしないといけないとか聞くと、そうするとやっぱり一戸建てがいいなと、今の理想に戻ってくる。

・老後は住まいの充実がとっても大事

　さきの70代女性と、理想の形は違いますが、住まいを充実させたいという強い思いは感じました。住まいの老後における比重は、2人とも大きい。50代の女性は誰かといっしょに住むにしても、ひとりにしても、住まいが心地よく充実していることがとても大事と言っていました。

　理想の家にたどり着く努力はしています。今の家の近くで探しているので、よく行く美容院やお店や工務店さんなどからしょっちゅう情報収集。そんなにお金のあるはずのない知人が、海が見えるところに一戸建てを買った。死ぬ気で5年間探し続けたそうだと聞くと、「自分もやればできるんじゃないか」って。

近所に気になっている家もあるそうです。大きな桜の木があり、バス停が近い。ローンは1千万から1千500万円に抑えたいので、頭金を貯めてから動き出そうと思っている。でも目標額に達しないうちに年を重ねて、やっぱりマンションがいいと考えるようになるかもしれないとも……。

そんな話を聞くと、理想を抱くってとてもいいことだと思います。夢を描きつつ、それが変わりうることも心得ています。娘さんがひとり立ちするかもしれないし、悲しいことだけど犬の寿命が先に来ます。これからの人生もまだまだ未知なることがあるのだなと、どこか清々しい気持ちになりました。

今はひとり暮らし。老人ホームの入り時を検討中……80代女性

84歳の女性は、今は自宅マンションにひとりでがんばっています。さきほどの

50代の女性のお母さんです。探した老人ホームが、85歳を過ぎると入居金が20％オフになるからと。そうした付帯情報を見逃さずにキャッチして判断しているあたり、とてもしっかりしていらっしゃいます。

そのホームにたどり着くまでも、自分で何十軒とホームを検討し、体験入居までしたそうです。

「簡単に移らない方がいいよ」との周囲からの助言もありました。助言した人のお母さんは、入居した施設があんまりよくなかったそうで「家を売って老人ホームに入ると、そこが嫌でももう戻れないから、今の住まいを気に入っているなら、慎重にした方がいい」と。

助言した人曰く、安いところと高いところとどっちがいいか一概には言えない、安ければ安いなりだし、高いところだと入居者同士ミエを張り合い「今日のお召しもの素敵ね」みたいな話になって、服を何着も持っていかないといけなかったりして疲れると。

一概には言えないとは前章で書きましたが、体験談として聞くと説得力がありました。結論としては「よく見てから合いそうなところを根気強く探しましょう」となって、80代のその女性はそれを実行したわけです。

今のマンションに到るまでも、住み替えをしています。もともと150坪もの敷地を有する一戸建てに住んでいましたが、管理が負担になってきて60代後半に手放しました。150坪もの不動産売買はそのお年でもたいへんなプレッシャーだったということなので、広い家を持っている人は、ある程度早めに整理しておいた方が楽かもしれません。

しかも彼女の場合、家を売った後、自分の住みたいマンションに入居できない期間が1年あり、いったん別のところに住んでから、今のマンションに移ったそうです。1年に引っ越しを2回なんて、それもとてもたいへんだったと思います。

私はリフォーム工事の期間中URに仮住まいしていたと前章で述べましたが、「リフォームは何回でもしたいけど、引っ越しは二度としたくない」と思うくらいの消耗でした。荷物を梱包して、また解くのも、業者に依頼したけれど完全ではないし、処分するしないの判断や、処分するものの行き先を決めることは、自分でしないといけないし。

モノの多い人はその整理も、ある程度早めからしておいた方がよさそうです。

ローンなし持ち家あり。夫婦で将来はぼんやり……60代女性

68歳で夫とふたり暮らしの女性は、持ち家あり、ローンなしの例です。マンションに住んでいて、夫が定年のとき退職金でローンの残額を払って完済しました。なので、住むところがなくなるという不安はなしにできた。

ご近所との関係もいいので、なんとなく今のマンションに死ぬまでいるつもりだけれど、あくまでも「なんとなく」であり、介護が必要になったときのことは、あまり考えていない印象でした。意地悪な質問ですが、トイレに行けなくなったらどうするかと私が聞いたら、「あ、そういうこともあり得るわけね」。

そのかたの場合、とにかく今、猫の看取りが最大の課題といいます。飼っている猫の老いに直面していて、自分の老いまで気が回らないそうです。

気になることは実に人それぞれ。そのかたと私は、ひとり暮らしとふたり暮らしの違いがありますが、持ち家があってローンが終わっているという点では、条件が近いです。持ち家があっても常時介護が必要になると、そろそろ施設が視野に入ってくる頃。前章の最初に述べた、2段階めの不安です。

でもそのかたは、年齢は私より10歳以上も上だけれど、介護をあまり現実的に感じていない。そこがむしろ、ほっとしました。

介護が必要になる人を、あまり身近に見ていらっしゃらないためもあるかもしれません。実のご両親は介護をしないで逝ってしまい、夫のお母さんは老人ホームに入っている。

95歳だそうですが、子に会いに来るよう要求はしない。80歳過ぎても爪をまっ赤に塗ってホテルのバーに行っていたくらいで、ご本人と夫曰く「勝手に生きてきた」から子に寄りかかろうとしない。それはそれで潔いです。

世間でいう教育的な親ではないかもしれないけれど、親はいろいろな仕方で子にモデルを見せていくのだなと思いました。

話を聞いてみて
考えたこと…②

何歳でどこに住むか、それぞれのイメージは違う

いつどんなところに住み替えるかは、将来起こりそうな体の衰えをどうイメージするかと関係が深い気がします。

私は親の在宅介護を、きょうだいと分担しながらではありますが、５年間経験したので、そのあたりはかなりリアルに感じています。父に移ってきてもらう家を探すときから、将来車椅子で過ごすことを考え、そうなっても住めそうな家を探しました。

父が引っ越してきたのは85歳で、90歳まで住みましたが、80代後半の人がみんな私の父のようであるとは限りません。その年齢だと個人差は相当ありそうです。

また、イメージする状況は、人それぞれです。

私は、老後の心配として自分が簡単に指折り数えて挙げられることが、みんなに共通の心配ポイントだと思っていました。

なので「海のそばで犬と」とか「猫の看取りが」とかと、思いもよらぬことを聞くと、内心「えっ、そこですか?!」と肩すかしを食うと同時に、救われる思いでした。特に年上のかたからのそういう話には励まされました。

自分で想定した心配事に、いかにとらわれていたかに気づきました。

第3章

老後は人生の1割と
考えるお金の計画

老後にいくら必要かわからなかったので、プロに相談に行きました

老後を考える上で、住まいとならんで気になること、もしかしたら第1に来るかもしれないのがお金の問題です。

私も30代から気にはなっていましたが、なかなかわかりませんでした。老後いくら必要かといった数字を新聞や雑誌の記事で目にはしても、バブル経済だったせいもあるのでしょうか、5千万円といった数字がふつうに出てきて、とても現実的とは思えなかったのです。

示される数字が、夫婦単位だったためもあります。生命保険文化センターなどで割り出しているのですが、たいていが夫婦2人で月々いくらいくらとなっています。夫婦2人で、基本的な暮らしをするならば25万円とか、少しゆとりのある暮らしをしたいなら35万円とか。

うろ覚えの数字なのは、ひとり暮らしの私には、そのまま当てはめることができないと思ったからです。今はひとり暮らしでない人も、やがてはひとりで老後を過ごすことになります。数字を示してくださる側には、夫婦単位では必ずしも参考にならないことを伝えたいです。

気になりながらもなかなか見通しが立たないので、思い切って専門家に聞いてみることにしました。ファイナンシャルプランナーの中村芳子さんです。

訪問に先だって、シートを記入するようにとのことでした。そこからして発見がありました。量はそんなに多くなく、Ａ４の紙１枚です。

大きく分けて、毎月の収支、年間の収支、保有資産、借り入れの欄があります。私はこれを書くのにものすごく時間がかかって、たったＡ４の１枚の紙を埋めるのに3時間も要してしまいました。

特に毎月の収支の欄です。１行目の、毎月の収入はいくらかという、その問いから答えられない。働き方が固定給でないこともあり、全然把握していない。売り上げに変動のある自営業の人は、多かれ少なかれそうかもしれません。毎月ではなく突然入ってくるものもあります。単行本の収入がそうですが、お勤めのかたの賞与も似たようなものかもしれません。

1年間に振り込まれてきた額を一つひとつ足し算し、12で割って平均を出して、だいたいこのくらいかなという、すごく幅のある数字になって。自分が毎月いくら収入を得ているかからして、わかっていなかったことに愕然としました。

毎月の支出。これもたいへんです。

シートで聞かれている項目は、食費／家賃・住宅ローン／駐車場／公共料金・電話／教育費／医療衛生費／教養・娯楽費／お小遣い／他に毎月給与から天引きされるもの／貯蓄・保険。

家計簿をつけている人なら難なく答えられるでしょうけれど、恥ずかしながら私はほとんどつけたことがなく、自分が食費にいくらぐらい使っているのかさえわからずにいたのです。公共料金や住宅ローンのような、通帳で引き落とし先がわかるものはまだいいですが、それ以外はレシートをもとに、やはり一つひとつ足し算しました。電卓の叩きすぎで、指がしびれてくるほどでした。

不幸中の幸い（？）は、レシートだけはとってあったことです。確定申告をしているので、とりあえずとっておく習慣があるのです。通帳も、確定申告の際に税理士さんにコピーを提出する必要から、毎月必ず記帳していました。それがいかに大事かを知りました。

通帳はなるべくまとめておいた方がいいなとも思いました。私は作った時期などによって3冊に分かれていて、全体像を把握しにくくなっていました。

〈ラスト・プランニングノート〉は将来のためより今の自分に役立った

保有資産の欄は、預貯金・株・不動産について書くように、通帳や証券などを取り出してよくご確認の上記入するように、とあります。こちらはそれほど時間がかかりませんでした。保険証券などは、しまってある場所がわかっていて、すぐに取り出せます。ちなみに株は持っていません。

迷ったのが不動産で、購入したときの契約書はすぐに取り出せますが、シートで記入を求められている「時価」とは、買ったときの値段そのままでいいのかどうか。似たような条件の物件がいくらで売られているかをネットで調べて、そこからの推測で書きました。

資産については、〈ラスト・プランニングノート〉*にもつけてあります。よく「終活」で言われるエンディングノートと同じようなものですが、そこに資産を書き入れるページがありました。

貯蓄については、全額までは書いていないけれど、どこの銀行に口座があるか。保険についても、どの会社のどんな保険に入っているか。公的年金。不動産。ローンも、どこの銀行にいくらを何年で組んでいるかを一覧にしてあります。

どんな資産を持っているか、借金はどれくらいか、このノートを見ればひと目でわかります。将来何かあったとき整理してくれる人のために書いたものですが、今回シートを記入するにあたって、自分のためにもとても便利でした。このノートと証券類をひとまとめにしておくと、もしものときには役立ちそうです。

＊〈ラスト・プランニングノート〉は、終活の専門家集団、ＮＰＯ法人ら・し・さが販売しています。（その後〈ら・し・さノート®〉と改称）

自分の毎月の収支を知っていますか？

将来誰かがわかるようにはしてありましたが、今現在の自分を知らなかったことを、実際に相談に行って、痛感しました。

ファイナンシャルプランナーの中村先生にまず聞かれたのが、「不動産収支がどうなっているかおわかりですか」ということでしたが、それからして「いいえ」と答えるしかありませんでした。

私は自宅マンションの他に、人に貸している不動産があります。父に引っ越してきてもらった家ですが、マンションの一部屋をそのために買いました。自分の家のそばで、介護に通ってきたきょうだいが泊まることのできる広さです。

介護用のマンションを借りると、家賃はいわば「持ち出し」なので、父が長生きすればするほど負担感は増していきます。それは精神衛生上よくないなと思いました。買ってしまえば父がどれほど長生きしても、別に家が減るわけではないし、介護が終わった後は資産として残ります。

そう考えて、かなり思い切った決断でしたが、40代半ばで3千万円ものローンを組んで買ったのです。それを介護に5年間使った後、人に住んでもらうということに。不動産仲介会社に管理を委託し、そこから家賃が入ってきますが、ローンは払っているので、差し引き月に10万ぐらいの収入です。

ただローンは78歳まであるので、今現在は10万円の収入だけれど、家賃が得られなくなってもローンは払い続けないといけないし、銀行に払う利息もあるし、不動産を持っていることでかかってくる税金や諸費用もあるしで、それらいっさいがっさいを含めた「収支」となると、全然わかりません。

中村先生によれば、そうしたものを差し引いてもなおプラスになっている。不動産以外の収入はどうかといえば、自営業の私は国民年金と、国民年金基金という国民年金に自分で上乗せするものにも入っています。それらがいくらかを計算すると、国民年金と厚生年金（短い会社員時代に31ケ月分納付）で年間70万円くらい、国民年金基金が年間96万円くらい。

それらが65歳以上、仕事による収入がゼロになっても一生を通じて入ってくる。年金収入の他、不動産収入も仮に今のままでずっとプラスで続けば、老後の収入はいくらくらい、不動産を売って現金化したら、あくまで今の評価額だけれどいくらくらい、そういうことを計算してくれて「老後は大丈夫です」との回答をいただきました。

予想外でした。私はずっと「老後イコール心配」という危機意識でいっぱいでいました。固定給でない、雇用関係はないので仕事がいつなくなるかもわからない。国民年金は厚生年金より額が少なく、企業に勤めている人よりは、かなり厳しい。退職金もゼロ。

過去に病気をした経験から、病気をすればたちまち収入がなくなることも、それでいて治療費はどんどん出ていくことも身にしみています。

不動産の現金化についても、まるでアテにしていませんでした。

介護用のマンションを買う際、最初は私の自宅を抵当にしようかと考えて評価額を聞いたら、もう驚きの安さで「え、桁が違う?」と思うぐらい。もしかしたら抵当のための評価額と、売ったらいくらになるかという市場価格とは別なのかもしれません。

そのときはとにかく衝撃で、バブルが終わってからは、不動産は下がっていく一方と聞くし、ましてや私の住んでいるのは築30年の中古も中古。資産価値なんてほとんどないだろうと諦めていました。

貯金は少しはあるけれど、普通預金口座にあるお金をローンの残債から差し引けば、大いなるマイナス。貯金より借金の方がはるかに多い。備えはほんとうにできていないと思い込んでいました。

今いくら資産があるかよりも、将来自分がどんな暮らしをしたいか

「大丈夫」と言われたけれど、内心はまだ不安です。不動産収入もあくまで「今のままでずっとプラスで続けば」という仮の話。貸している家に住んでくれている人が明日にも出ていくかもしれない。年をとっていざお金に換えようとしたら、全然売れないかもしれない。そもそも東京に地震が来たら、家なんて潰れてしまうのでは。なきも同然と思わなければ、と。

でも中村先生から言われたことで「大丈夫」という以上に大きかったのは、考え方です。「今ある資産からはあんまり見ない。自分がこれからどういう暮らしをしたいかから見ていく。それによって資産の持ち方を考えていく」ということでした。

今は資産の少ない人でも、これからいかに効率よく資産を増やしていくかを、ともに考えてくださる。ファイナンシャルプランナーの方に相談するとは、今の状況だけ見て「あなたは大丈夫」「あなたは心配」といった○×判定を受けることではないのです。

「老後には何千万円必要です」のような数字も示されなかった気がします。人によって違うということでしょう。その人の現在を出発点に、「あなたは将来どういう暮らしをしたいですか。今のあなたの資産はこうです。ではこれからどうしていきましょうか」という方向付けをしていく。

先生が言われたのは、私の資産のありかたを見ると、将来の収入に対して強い不安を抱いていたことがよくわかると。まさしくそうです。それでいて、自分が今、月々いくらサイズの生活をしているかも知らない。知らないまま、とにかく準備しなきゃと焦っている。出発点が間違っていました。

順番として、自分の今現在をまずとらえる。例えば月20万円サイズの暮らしをしているならそのことをまず見据え、では、「そのままの暮らしをしていくならいくらぐらい貯めなければいけない、その目標額が無理そうなら、15万円サイズの生活に落としましょう」、そういうのが正しいというか、健全な考え方なのだろうと思いました。

何千万円必要ですといった一般論に振り回されず、自分に即した備え方を探る、そのために専門家の力を借りるのはおすすめです。

1ケ月後に死んでも、100歳まで生きても満足するプラン

中村先生の診断では、私は50代半ばにして守りに入っている。けれど50代はまだ人生の半ば。人生が65年しかないんだったら、守りにもう入っていいかもしれないけれども、90年の人生があるとすると、81歳ぐらいまでが現役で行くのがバランスとしていい。「残り1割が老後」というふうに考えましょうと言われました。

そう思うと、50代の人のテーマは、81歳まで現役で行きたいとして、あと20年、30年間いかに働き続けるか。いかにすればそれができるかの作戦を立てていく。そういうプロジェクトになる。

世の中の変わるスピードに、いかにしてついていくか。迎合せずに、自分の強みを活かして働き、社会にも還元していく。そういうサイクルみたいなものを作っていくこと。「備えなければ」という気持ちだけだと、人生をつまらなくして

人生の1割が老後
81さい
0
50
90
現役
老後

しまうと言われました。

貯めるのは使うため。「1ケ月後に死んでも、120歳で死んでも、満足な人生。それを両立させるのが良いファイナンシャルプラン」だと言われたのが、印象に残りました。

中村先生ご自身が、そういう生き方を実践されているように感じます。訪問して驚いたのが、先生のオフィスの開放的な環境です。

シェアオフィスというのでしょうか。個々の作業デスクはありますが、完全に仕切られてはおらず、共用のスペースもある。全然違う仕事をしている人、外国の人もいて、誘い合ってランチに行ったり。さまざまな刺激を受け、異業種からのトレンドもキャッチする、そうした場に常日頃から身を置いていらっしゃるのだなと思いました。

あれほどお忙しいのに、仕事を離れる時間を作って、外国にしばしば行かれる。そこで社会活動みたいなこともしていらっしゃる。さきほど言われた社会還元の、日本という枠を超えての実践です。

「年をとっている人のために、あなたは今、何をしていますか？」

いちばん印象的だったのが、中村先生から次のように聞かれたことです。年をとってからの不安を話す私に、「では、あなたは今、年をとっている人に何をしていますか」と。

私のしているのはせいぜい身近な、小さな親切運動ぐらいの範囲のことでしかありません。例えばコミュニティバスの中で立っているお年寄りに席を譲るとか、地震のとき、同じマンションでひとり暮らしのお年寄りに声をかけるとか。

老後の備えに関しては、視野に入れているのは家族までででした。

例えば自分だけいい施設に入って、姉や兄はどうでもいいというわけにはいかない。介護をきょうだいで分担して、それがあってこそ私は仕事を続けられたけれど、きょうだいはそのぶん働く時間が減った。すると、私の得ている収入や保有している資産も、自分ひとりのものという感じがせず、老後も自分だけすごくいい施設に入るより、3人で、中ぐらいの施設に入れればいいかと。

家族の範囲を超える人へのサポートは、日本赤十字社などにしている寄付くらいです。家族への支援、身近な親切運動と、それと寄付で、社会への義務は果たしているような気になっていました。

でも、中村先生から聞く外国での社会活動はもっと広く、かつ深く踏み込んだものでした。お年寄りの見守りから、生活の支援まで。それに比べると私は、「自分さえよければいい」とまでは思っていなかったけど、やっぱり内向き思考というか、視野は狭いなと感じます。

中村先生の言われたのは次のようなことでした。

◆自分が今、高齢者のために何かしていれば、年をとったとき同じようなことを受けられると自然に思える。

◆自分だけのことにお金を使っている限り不安はなくならない。

◆自分だけのことを考えているのはもちろん、家族の域を出ないのもダメ。家族を超えるのが大事。

視野を広げるには、海外の女性はどう考えているか。日本と同じような生活レベルの国の女性たちがどういう価値観で、どういう暮らし方をしているかを、もっと見てみるようすすめられました。

お金の相談に行って、そういった助言を得られたのは、期待以上のことでした。相談というのは「いつか時間ができてから」と先延ばししていると、いざそのときが来たら、そのときは収入もなくなっていて、相談に払うお金も出せないかもしれません。

収入はまだあって時間はあまりないうちに、少なくとも1回はプロの方に相談に行くのはいいように思います。

家計簿アプリを初めて入れてみました

家計簿をつけていない私は、家計簿アプリというものを、中村先生から教えられました。クレジットカードと銀行の口座を登録すると、収支を出してくれるものだそうです。これは実際に行ってみました。自宅のパソコンにアプリをインストールし、クレジットカードや銀行の口座番号などを入力します。

登録してよかったです。それまでクレジットカードは月に1回、その月の利用額のお知らせが来るまで、どのくらい使っているかよくわかっていなかったのです。銀行の口座の引き落とし額や残高も、月に1回ATMへ足を運んで記帳してようやく把握するありさまでした。

家計簿アプリにはアラート機能がついています。一定額以上の入出金があると、そのつどメールで知らせてきます。アラートの額は自分で決められます。これは不正利用を防ぐためにはいいなと思いました。

グラフにもなってきます。引き落としはマイナスです。ゼロより下に赤でグッと落ち込む。それが脅迫効果があって私にはむしろいいようです。自分の手でお礼を渡していないと使った実感に乏しく、まだまだ使える気がしてしまいかねない。視覚に訴えるグラフで危機感を煽《あお》る方が、無駄遣いを抑制するのにはたらきそうです。

銀行の口座を登録することには、怖さもちょっとありました。アプリそのもののセキュリティより自分のパソコンの方が脆弱そうで。ネットをふつうに開いても「今すぐ修正が必要です」みたいなものが毎日のように表示される。リスクを容認するか、修正するかと言われれば「修正する」をクリックするけれど、そのクリックで怪しいところへ行っていないか自信がありません。

私を含めてシニアには、パソコンやスマホにそう詳しくない人が多いです。家計簿アプリは便利ではあるけれど、情報漏れの心配な人、いろいろな口座を管理している人、動くお金の大きい人は、慎重になって、パソコンやスマホの状況から、わかる人に聞いた方がいいかもしれません。

まだローンがあるけれど後悔はしていない……70代女性

お金についてマイナスからの出発だったと語るのは、70代前半の女性です。会社を定年後、フリーで今も働いています。40代後半で離婚をしたときに、いちど家計に行き詰まりを感じたそうです。

子供が1人いて私立に通わせていたので学費もある。自分の医療費もかかる。住んでいた家を、子供といっしょに出たので家賃もかかる。仕事上のストレスから、服はよく買うので被服費がかかり、レストランでの外食も大好きで、お金は使う一方、貯金はなかった。そこからだんだんに経済を立て直し、頭金400万でローンを組んでマンションを購入するところまでこぎ着けました。

65歳で会社を辞めてみると、現役時代はやっぱりお金に関してあまりに勉強不足だったそうです。毎月給料が入ってくるから何とかなり、困った頃にボーナスが入るなどして、経済観念が今から思えば大甘だった。

今はもっとシビアになっている。仕事の上でも給料をもらう生活でなくなると、交際費はもちろんのこと、交通費とか、文房具や封筒といった当たり前に会社にあったものまで全部自分持ち。基本は節約生活にはなるということです。

ただ節約しながらも、生活を楽しむコツはある。食費そのものは、外食が減ったこともあり前に比べたら少ないけれど、例えば缶詰ひとつも美味しく食べる食べ方。そうした術は年齢なりに身についている。野菜は旬のものが美味しくて安いので、旬のものしか買わず、しかも使い切る。

冬にトマトやきゅうりなんて買わない。キャベツは1個買っても必ず使い切り、ほうれん草は安いからといって2把買うとしおれて無駄になるので、そのあたりはしっかり見極める。

まとめ買いするとかえって高くつくので「1個だけでいい?」と言えるようになった。見極める目だけでなく、強さも具《そな》わってきたと感じました。

交際費はケチるようになった。お金があって裕福な暮らし方の人とはもう付き合えない。どうでもいい集まりには行かない。でも行きたい映画や展覧会とかは無理をしてでも絶対行きたい。それらは「心の栄養」だからと。

ローンはまだまだ残っていて、定年後も払い続けていくのが思った以上にたいへんで、それは誤算だったけれど後悔はない。マンションはやっぱり買ってよかった。それが働く動機付けにもなっている。あと5年は働きたいそうです。

現役時代はどうしても使わないといけないお金もある。お金さえあれば老後が幸せというわけではない。老後のためばかりを思い、現役時代からあんまり必死で節約しなくてもいいのでは、と語っていらっしゃいました。

交際費をケチっているとのことでしたが、私の家にいらして下さったとき、そんなふうにはまったく感じられなかった。きれいな花束を持っていらして。私からのお願い事で来ていただき、年齢の上でも社会人としても大先輩なのに、帰りに駅までお送りすると言っても「ちょっと寄ってみたいところがあるの。知らないお店を探検するのが好きだから」と固辞されて。

「心の栄養」とは、こういうことかと思いました。同時に、私が恐縮しないよう、明るくさりげなく送りを断る、そのみごとさにも敬服したのです。

80歳が定年の職業、近所でヨガ教室……60代女性

社会還元の実践では、60代の女性のヨガもそれにあたるでしょう。自らが学んだヨガを、周囲に教えるようになりました。

年齢はハンデにはなりません。その人のしているヨガは、パワーヨガではなくて健康ヨガ。70代の講師はたくさんいるそうです。カルチャーセンターなどで講師をつとめるときは一応、80歳を定年としているけれど、周囲に教えるだけなら ば80歳過ぎた講師も、90歳過ぎた講師もいる。習う人も高齢だから、高齢の講師の方がむしろいいぐらい。

教えることが収入にはなるけれど、それ以上に、誰かの役に立つという意味合いが強いと言います。60代女性も住んでいるマンションの集会室で近所の人に教えていますが、いただくのは500円。収入を得るためというより、ただということはお互いに無責任になりやすいし「体のことは無責任にすると危ない」という、師の言葉に従いました。

生徒さんはおしゃべりばっかりで、ヨガはなかなかうまくならないそうですが、おしゃべりするような関係になれたのは、ヨガの効果ともいえるでしょう。

実際、体を動かすことが自分をオープンにし、人とも仲良くなれる。風邪引いたとかということもすぐにわかる。そうした場ときっかけを、ヨガを通じて提供しているのです。

そもそもが「年をとったら、人さまのお役に立つことをした方がいいよ」という師の言葉もあって、はじめたとのこと。

週に1時間、それを10年。週に1時間「だけ」とご本人は言うけれど10年も続けるとは、たいへんなこと。近所の人たちの健康作り、コミュニティの形成に大きく貢献していそうです。

話を聞いてみて
考えたこと…③

何歳まで人の役に立つ人でいられるか

中村先生に相談に行って、いちばん心に残ったのは、自分のことだけ考えていても不安はなくならない。人のために何をしているかという問いです。「外国とは文化が違う。向こうはチャリティが盛んで、教会といった拠点やコミュニティもある」「経済的に支えるのは、家族だけでせいいっぱい」という気持ちが最初はありましたが、できない理由を数え上げている自分が、そのうち嫌になりました。

社会還元について模索する一方、70代フリーの女性は爽やかな印象を私に残しました。年齢が上がると一般的には、仕事を頼まれにくくなります。今いくら持っているかより、働いて収入を得られることが何よりの「備え」。そのために必要なものを、先輩がたに学んで身につけたいと思います。

第4章

人生後半こそ、自分のイメージと真逆のことを始める

寄付をしてみたら清々しい気持ちになりました

老後は人生の1割と考えるべきなのに、私は早くも守りに入っていると、ファイナンシャルプランナーの中村先生から指摘を受けて、「そうか」と思いました。それで始めてみたことに、ユニセフがあります。

家族という範囲を超えてとか、年をとったら次世代のことを考えてというのも印象に残り、子供のいない私が次世代といえばユニセフかと。これまでは日本赤十字社に寄付をすれば、国内の自然災害とか外国の難民キャンプとか、そのとき必要とされているところへ振りわけてくれると考えていましたが、次世代という意識を持ったとき、子供の支援に特化したものとして頭に浮かんだのです。

調べてみて、ユニセフを少し勘違いしていたのがわかりました。ユニセフのマンスリーサポートには前から少し興味がありながら、フォスターペアレントと混同していました。1人の子供に支援をし、手紙のやりとりができる、希望すれば訪問もできる、でもそれだと私のような収入の一定しない仕事だと、もしも支援が途切れたらどうしようと、教育を途中で受けられなくなるなど人生を大きく左右してしまう。

そんなふうにひるんでいましたが、ユニセフのマンスリーサポートは、そうではなく、月々決まったお金が銀行から引き落とされ、支援先は任せます。

始めてみれば、今まで逡巡していたのが何だったのかと思うぐらい簡単。不真面目に聞こえるかもしれないけれど、ネットショッピングと同じ手軽さです。

ネットでその画面を開けば、申し込みから振込まで全部完結できます。月々千円から選べて、自由記入欄もあるので、選択肢にない額も決められるのかもしれません。クレジットカードの情報を入力したら、受け付けましたというメールが来て、あっけないぐらいでした。

それでも何か、新しいスタートを切れた感じはあります。狭い自分から一歩踏み出せたような、ささやかだけれど清々しい気持ちです。

若い人がボランティアで井戸を掘りに行ったり、医療支援に行ったりします。

そこまでの体力はなく、技能も今から身につけるにはとうてい遅いけれど、それでもまだできることはあるのだなと思いました。

何歳になっても「学びたい」という欲には正直に

新しいことで言えば、今さらですが、勉強をしたい気持ちもあります。「学び直し」が繰り返しブームになるのも、わかります。

作家の清川妙《きよかわたえ》さんは、もう亡くなられたかたですが、53歳から英語を学び直し、65歳ではじめてイギリスへひとり旅をし、80代半ばまで訪問を続けていました。

私はその学び直しの体験エッセイを読んだのですが、英会話教室の個人レッスンに行って、はじめはレッスンを録音したテープを聞いて、自分で笑ってしまうぐらいだったそうです。語尾に「〜ね」とか日本語が交じっていて。

それが、イギリスにホームステイみたいなことをするまでに至る。敬服します。

清川さんによれば、イギリスは年長者を敬うところがあるので、年をとってからの旅にハンディはなく、とても楽しかったと書いていた記憶があります。

私は語学が昔から苦手で、とにかく「辞書を引く」ということが嫌で、避けに避けてきました。発音記号もいまだに知りません。単語を暗記するのが面倒で、学校の英語のテストも、和訳だけ覚えてなんとかやり過ごしてきました。

なので、今から英語を勉強したい、みたいなことは一生ないと思います。

そんな私でも、何か勉強したいという気持ちはときどき湧いて、この前も突然、教科書ふうの本を買ってきてしまいました。

ジャンルとしては社会科学になるのか、哲学者たちが今の世界をどうとらえているか、といった本です。社会科学は一応専攻だったのですが、考えてみれば私が卒業したのは80年代。その頃に学んだ世界を計る物差しみたいなものは、今の世界にそのままはもう当てはまらない。

80年代までに学校で勉強するのは、80年代より前のこと。国際社会からして、東西のイデオロギーがまだ対立していた時代だし、何よりも今のような情報化社会でなかった。

情報化は人の行動や人と人とのつながり方を大きく変えたことだから、それがない頃の物差しを持っていても、どれほど適用できるのかという疑問がうすうすあって、これはやっぱり学び直さなければいけない。そう思い立って本まで買ってはくるけれど、昔と違ってそういう読書が進まない。線を引きながら読んでも、なかなか頭に入りません。

学び直しへの憧れもあり、社会人入試を調べようかという気になりました。でも、運よく学生になれたとして今の自分が週に何日も決まった時間に通えるかというと、それはない。一定のコマ数の授業に参加し、他の学生と同じ条件で単位を取得していくのは、体力も落ちていく中、なみたいていのことではなく、単なる憧れではできません。

学生になることにこだわらず、自分の今の状況の中でできる学びとして、本を読むのがいちばん現実的で、先延ばしせずにすむ方法だと思って始めました。

学ぶって、本能に近い欲求なのではないかと思うことがあります。何かのための手段ではなく、知っていくことそのものが楽しい。私たちは義務教育の機会に恵まれました。その逆説というか、教育を受けるのが義務の間は、学ぶ楽しさになかなか気がつきません。学生時代を遠く離れた今頃になって、学びの初心に返る気がします。

リフォームで知った自分の好きなもの

50代で始めたことは、他にもいろいろあります。最近では自宅のリフォームです。家が寒いのを、今のうちに何とかしなければと、老後に備えた住宅改善というつもりで取り組みました。ところが、始めてみるととても楽しい。

新しい挑戦ですが、原点回帰でもありました。リフォームでは、壁紙1枚から選べます。床も扉も把っ手も。

どう選んでもいいとなると、最後には自分の「好き」に従います。見ているだけでうれしい、目にすることそのものが幸せな気持ちをもたらす。そういう選択をいろいろしていくうち、「私はこういうものが好きだったのか」とつくづくわかりました。
例えば、私はシンプルなものが好きだと思っていたけれど、実は柄が、それも花柄が好きでした。完全なヨーロッパ調ではなく、日本の洋館のような感じが好きです。そういえば旅行先でも洋館を見るのが好き。それってどこから来ているのかとたどっていくと、子供時代の記憶に行き当たります。

小学校1年生まで住んだところは、同じ敷地内に伯父の家がありました。日本家屋だけれど洋間があって、その部屋は壁の下半分が板張りで、ゴブラン織りのようなカーテンがさがっていた気がします。子供の頃のその家の記憶に私は落ち着きをおぼえるのです。あそこに戻ろうとしているのかなと思いました。

20代、30代の頃は、自分の「好き」にフタをして心の奥に閉じ込めていた感じです。花柄なんて、男性に甘くみられたら嫌だ、同性からも女性らしさをアピールしているみたいに思われたら困ると。

でもそんなふうに抑えつける必要はもうない。「好き」という気持ちに正直になれて、そういう意味でリフォームは、ようやくの自己解放でした。

家は人生の伴走者。少しずつ手を入れながらいっしょに生きる

体験してみてわかったのは、部屋作りは1回したから終わりではなく、少しずつ手を入れながらいっしょに年をとっていくものだということ。何も工事を繰り返すわけではありません。扉や壁紙も自分の好きなテイストにすると、それに合う額縁を飾りたいなどと、付随してしたいことがいろいろ出てきます。

もちろん好きな壁紙も暮らしていくうち、汚れもするし古びもします。そうなったらまた張り替えればいい。それができるということを、リフォームを経験した今は知っています。家が経年劣化していくことを恐れなくなったというか、そのときはまたそのときの自分の「好き」に忠実に変えていけばいい。

家は、ほんとうに年を重ねていく伴走者のような感じがします。

それは思わぬ発見でした。リフォームを始める前は、とにかく早く完成形を作

って終わらせたいと思ってました。「こういう家にしておけば老後はもう大丈夫です」と言えそうな家を1回で作り上げて、「これでもう万全、後は家のことを考えなくてすみます」という態勢に持っていくのがリフォームだろうと。

でもまったく逆でした。

手を入れるのが楽しい、何度でも入れたくなる。最近も壁の一部を大胆な花柄にしました。前の私だったら、壁なんて白に近いほどよい。すてきかどうかよりジャマにならないことが何より。柄なんて最初はよくてもすぐに飽きて後悔する。そう思っていました。

それが、後悔どころか、もっとしたくなっています。

もはや趣味の域に入っていて、同じようなテイストでリフォームした人のお宅へ遊びに行くことにもなりました。設計してくれた女性プランナーさんから「あのお宅は、きっと好きです」と聞いた、それだけのご縁の人のお宅です。

そこへ行って、「今度はうちへいらして下さい」なんて話をしていると、プランナーさんといっしょに来ていた大工さんが、「リフォームでコミュニティみたいなのができていますね」と言って、あっ、そうか、こういうのもコミュニティなんだなと気づきました。

大工さんもプランナーさんも、お客さんが喜んでいるのがいちばんうれしいそうです。１回仕上げたらもう次の物件に行きたい、いつまでも手が離れないのは困るのかと思っていましたが、家とはそういうものではないらしい。

自分が作ったものを住む人が愛して、今度はこうしてみたい、ああしてみたいと手を入れ続けていくのを見守るのも楽しいそうです。庭作りと似ているのかもしれません。庭も木の生長とともにあちらこちら剪定し、ときには植え替えながら育てていくものです。

見ず知らずの家に呼ばれて、ご馳走にまでなるなんて、そうそうありません。少なくともこれまでの私には考えられなかった。「お宅拝見」をし、家の話だけで何時間過ごしたことか！

新しい楽しみを知り、それまでなかったタイプの人間関係もできて、ほんとうに思いもよらない広がりです。

ジムでダンスを始めて大人の文化祭気分を味わいました

リフォームに比べたら小さいことですが、私はなんと50代半ばでダンスを始めました。スポーツジムで出合ったズンバという、ダンス系フィットネスです。

スポーツジムには前から通っていましたが、ひとりで黙々と筋トレをするのが常。たまたま行った時間に、ちょうど始まるところだったレッスンに、訳もわからず出てみたら、それがズンバでした。

前はスポーツジムは、義務感で行くところでした。老後のために筋肉を鍛えておかなければと。今は「~のため」というより、レッスンそのものが楽しいです。

身につけるウェアも変わりました。前は学校の体育の授業の延長のようなジャージに半袖Tシャツ。ジャージなんて横に白の線まで入っていたのですから、どれだけスクールウェアっぽかったか。

今はだんだん過激になってきて、メッシュのタンクトップに「見せブラ」というか、見えてもいいブラジャー。別に見せることが目的ではありません。黙々と筋トレをしていた頃は、レッスン待ちの女性たちがそうしたウェアで賑やかに集っていると、「何もあんなに露出しなくてもいいのでは」と思っていました。

でも、自分がレッスンに参加してみると、とにかく暑い。筋トレのところはマシンとマシンに間があるし、広々して風通しがいいけれど、レッスンの部屋は、狭いところに30人くらい入って、いっせいに脂肪燃焼するものだから、冷房を最強にしてあっても熱中症になりそうなくらい。

私がついていける運動だから、そう激しいわけはないけれど、半袖Tシャツの袖が暑くてタンクトップにし、タンクトップでもTシャツと同じような生地だと熱がこもってしまい、裾をあおがずにいられない。

あおぐとお腹があらわになります。それよりメッシュのタンクトップにした方が風通しがよくお腹はむき出しにはならない。ただメッシュだとブラジャーは見えるから、ひっそりと下につけるブラジャーより、見えてもいいことになっているブラジャーの方が恥ずかしくないな。

少しずつ露出度は上がり、ついにはズンバの発表会にまで参加することに。ダンスをするだけでも思いもよらなかったのに、まさか人前で踊るとは！発表することそのものより、発表会に参加するなら、そのメンバーだけで8回ぐらい特別レッスンが受けられると聞いて、心が動いたのです。参加者を募り、そのレッスンの先生が指導するので、少しは上手くなるかもと。ズンバを始めて1年くらいになりますが、私はほんとうに下手なのです。

発表会となると衣装も要ります。先生とメンバーで相談して、お揃いのTシャツを着ようということになりました。社交ダンスと違ってズンバは優雅なイメージはなく、筋トレに似た動きも多いので、ドレスではなくスポーティなものに。

1枚千円するかしないかのTシャツをみんなで買って、袖を裁ち落としタンクトップふうにしたり、裾にハサミで切れ目を入れてフリンジにしたり編んだりといったアレンジをしました。まるで文化祭の準備のよう。

中学でも高校でも文化祭や体育祭は消極的で、しろと言われたことだけして、最低限の義務は果たすような関わり方だった自分が、信じられません。

ZUMBA!
以前はこんなこと想像もつかなかった

自分のイメージとは違うことをしてよかった！

そんなこんなを思えば、私は50代のこの数年でとても変わりました。ダンスなんて始めて、リフォームもして、それまでにはなかった人付き合いもできた。40代半ばにも、変化はひとつありました。俳句を始めたことです。仕事人間だった私が、俳句の勉強会だけは仕事に近い優先度でスケジュールに入れるようになり、そこでの人間関係もできました。

でも俳句はまだ、従来の自分のイメージの延長です。イメージ通り、かもしれません。言葉を扱うものだし、机に向かって字を書くし、そこで学んだことを本にするなど仕事の方にも返ってきている。

「ズンバはまったくイメージにないもの。自分でも「まさか！」だし、人に話しても、私がメッシュのタンクトップで踊っているところなんて想像つかないと思います。

ズンバは6月から始めて、季節が巡る間にはハロウィンもクリスマスもありました。ハロウィンの日にそうとは知らずにジムに行って、レッスンのスタジオに足を踏み入れ仰天しました。仮装大会?!

私の行っているジムは他の店舗に比べて高齢の人が多いです。私と同じくらいの年齢の人も前後の人も、妙なコスチュームを着けている。お化けとか首に斧が刺さっているように見える飾りとか。マリリン・モンローっぽい金髪のカツラ、カウボーイ、保安官のような服も。

ハロウィンなんて、私には無縁のものでした。若い人の間で盛んになり「渋谷ではたいへんな混雑が見込まれます」とニュースを聞いて、渋谷で仕事のある日なら「巻き込まれないうちに早く帰ろう」と。自分とは関係ない社会現象、関係あるとすれば、迷惑なものという位置付けでした。

他ならぬズンバのレッスンで、他の参加者が申し合わせたようにコスチュームを着ていて、いったいどこで仕入れてきたのかと聞けば「受付で無料レンタルしているわよ」。

たしかにジムの受付前のスポーツウェアの売り場に、レンタルコスチュームのラックが出ています。レッスンが終わったら、皆さん写真を撮ろうと言い出して、私だけスポーツウェアなのも悪目立ち（？）しそうで、コスチュームを借りました。肩章のついた保安官の服装で、制帽を斜めに被って！

撮った後「送るからアドレスを教えて」と言われて、LINEもスマホのメールもしていない私は、パソコンのアドレスを。翌日、仕事をしていたら「写メ送りますね〜」と絵文字付きのメールが来て、他は仕事のメールだからそれだけ異彩を放っていました。

でもそれが心温まりました。遊び下手の私にもこんなメールが来るようになったのだなと。添付の写真の私を含む仮装した面々を見て、名前も何も知らないけれど、これもまたひとつの「仲間」と言えるのではと。

考えてみれば、週に1回、レッスンをサボることもあるけど、だとしても月に何回か決まって顔を合わせるのは、家族以上の頻度。このまま参加を続けていったら、いっしょに年をとっていくことになります。

ハロウィンの後のクリスマスも、皆さん仮装していました。サンタクロース、トナカイ、なんとツリーに扮した人も。私は相変わらずスポーツウェアで参加してしまったけれど、次のハロウィンやクリスマスでは、思いきって仮装をしようか。服はいつものスポーツウェアでも、トナカイの角のカチューシャをつけるとか。行ったことはないけれど、ドン・キホーテのパーティーグッズ売り場を探してみようと思います。

俳句と違って、仕事に結びつくことは絶対にない。ほんとうに単なる遊びです。従来のイメージと違うことを始めて、自分の幅が少し広がった気がします。

シルバー人材センターで活躍する人ってどんな人？

年をとっても守りに入らず、自分の強みを活かして、社会還元にもなる。前章で中村さんから言われたそのことを実践するため、地域に用意されているシステムと思ったのが、シルバー人材センターです。

私の住んでいる市では、身近なものです。スポーツジムのあるビルの駐輪場の管理をしている人も、デパートの駐輪場の人もそう。住んでいるマンションの1階には庭が付いていて、植栽管理はその庭に面した部屋の人がしますが、シルバー人材センターに依頼する人もいます。でも、申し込んでからとても待つそう。料金が安く仕事がていねいという評判で、予約がいっぱいと聞きました。

実際どんな人がどういうふうに働いているのか？　どうしたらそこで働けるのか？　一から教わるつもりであえて別の市に聞きにいきました。

働くには会員になることが必要です。会員資格は60歳以上で健康で働く意欲のある人。興味があったら、月に2回ぐらい行われている説明会にまず参加します。そこではアンケートをとり、どうして働きたいのかを聞かれたりするそうです。

何よりもそこで、シルバー人材センターを理解することが大事。シルバー人材センターの仕事には「軽・短・臨」という三原則があります。

シルバー人材センターで紹介できる仕事は、フルタイムの半分ぐらいと法律で定められているとのこと。月にだいたい10日ほど、週20時間程度。生計を立てるための仕事ではなく、あくまでも副次的な収入を得ながら、健康に社会参加をしていくことが目的となります。収入もだいたい月３万円から６万円。そんなことを理解した上で、会員登録をします。

私の場合気になるのは「手に職がない」ということ。文章を書いていました、では仕事をもらえないのでは？　でもそれは問わないそうです。専門的な技能がなくても、講習を受けて身につける。例えばマンションの植栽管理に来る人も、元植木屋さんというわけではなくて、講習を受けてできるようになったのです。「現役時代の強みを活かして」というのとは必ずしもイコールでなく、それがいちばん意外でした。新しいことを習える。ゼロからのスタートでいいわけです。講習料は払います。

過去の自分をリセットできて、柔軟な人が活躍する

逆に言うと、シルバー人材センターで請け負う仕事は基本的に、講習を受けれ

ば誰でもできるものだそうです。よくあるのが、障子やふすまの張り替え、剪定、除草、施設管理。施設管理というのは例えば大学の駐車場の管理、小中学校の校庭開放のときの管理など。

「昔とった杵柄《きねづか》」が、むしろじゃまになることもあるようでした。長年の経験で、この仕事はこうするものだと思い込みができていて、依頼主からの注文をその通りにではなく、自分のやり方でしてしまう。

それでクレームがくると「完璧にやったのにどうしていけないんだ」。相手の言うことを理解しようとしない、できない、自分の仕事への思いがけない低い評価を受け入れられない、そういうところで苦労するそうです。

たとえ現役時代にしていたことでも、新たなスタートのためには、自分をいちどリセットしなければならない。「今までの自分のままでいって、ちょっとした収入を得られれば」というつもりで行くと、最初はつまずくかもしれません。

受け身で仕事を待つのではありません。運営も自分たちでしていて、部会や委員会がある。営業して仕事を取ってくることもある。それも意外でした。

OK
まわりに染まるのは得意ですよ

NG
こんなやり方わしの若い時はしなかった

説明会に来る人は6割が男性で、4割が女性だそうです。入会して部会や委員会に参加し、皆で仕事をシェアするようにしていく。そういった関係性の中で動いていく上で、男性の方が苦労する傾向だそうです。

最初はなかなか溶け込めなかったり、過去を引きずったりする人もいる。

現役のときこんな地位にいた、こんな名誉なことがあったという話をしていると、周りが離れていく。かつていた地位がイコール自分の価値と思っていると、転換がたいへん。その地位に応じた処遇を会社ではされていたものが、立場が変わるととまどうでしょう。

女性の方が組織になじみやすいというのも意外でしたが、日頃から割とフランクに話してコミュニケーション能力が高いのと、現役時代に特別扱いされる機会が少ないこともありそうです。

「ありがとう」と言われる側でいたい

最初のつまずきやとまどいを経ると、結束は固くなるそうです。話を聞いた市のシルバー人材センターの皆さんは、そのメンバーでお祭りにも参加し、なんと阿波踊りの連《れん》まで持っているとのことでした。

阿波踊りの大会に参加していて、8月の大会に向けて、半年も前の2月から週に2回練習をすると。熱心さの底にあるのは、自分たちが楽しいということ以上に、使命感と誇り。シルバー人材センターの存在を知らしめるんだ、だからかっこよく踊らなければ、といった強い気持ちです。

いくつになってもそんなふうに活躍している人を見るのは、本人たちには張り合いだし、下の世代には希望となるでしょう。

若い人からすると、もしかしたら高齢者は、行政サービスを受けるばかりの存在かもしれません。年金の問題や世代間の負担の議論もあって、若い人にはなんとなく不公平感、不遇感がある気がします。けれど高齢者もサービスを提供できる存在であると知ってもらう。

それによって得られる対価は高くはない。時給にすると現役時代とは比べものにならないでしょう。でも安くても、自分の働きがお金というかたちで評価されるのは、自信になると思います。

病気で入院していたときのことです。私は看護師さんをはじめ手厚いケアを受けて「ありがとう」を言うばかりの存在でした。でもある日、「ありがとう」を言われることがあったんです。明け方、隣の病室の人が危篤になったらしく、看護師さんたちが慌ただしく出入りし、駆けつけた家族も動転していて、患者さんの孫と思われる小さい子が2人廊下に放り出されていました。

その子たちの相手をしていたら、昼過ぎになって看護師長さんが訪ねて来て、「今朝はありがとうございました、私たちもお子さんたちが気になっていたけれど、スタッフが少ない時間帯でそちらまでケアが回らなかったので」と。

それがどれほど私を励ましたか。私もまだ「ありがとう」と言ってもらえる、ケアする側になれる、役に立てると。

社会参加するとは、つながりを得られると同時に、そういった自己評価を上げることでもあるのでしょう。

「予定」があればセーフティネットにもなる

年をとったら「きょういく」と「きょうよう」が大事と言われます。教育や教養ではなく「今日行くところ」「今日の用事」。

それは自然に得られるものではない、やはり努力が要るのだなと思います。会員になるとき、得意なこと、してみたいことは書くそうです。が、必ずしもその通りにならない。そのときに「新しい挑戦をして下さい」とシルバー人材センターの人は言っていました。

人生経験を積んできたところで、できること・できないこと、得意・不得意をリセットするのはエネルギーが要りそうです。いろいろな施設の駐輪場を利用すると、シルバー人材センターからの派遣の人でもかなり威丈高の人はいます。「だめだめ、そこは止められないから、こっち！」と指図をして、「書いてもいないのにわからないよ」とか、言い合いになっているシーンもまま見ます。

ものの言い方ひとつも変えていかなければならないとなると、たいへんです。作業そのものは「誰でもできる」こととはいえ、意識改革はひとつのハードルではあります。そこを乗り越えれば、次のステージが開けているのでしょう。「きょういく」「きょうよう」は張り合いをもたらすだけでなく、セーフティネットの機能も果たしています。「あの人、今日が出番なのに来ていない。どうしたんだろう」と。仕事のシフトが組まれ予定というものができてくると、その予定からはずれたときに、仲間の目が行きます。

あまり性差を言うのは時代に逆行するようですが、現実として女性は割と近所付き合いがあるけれど、男性はそうなりにくいと聞きます。シルバー人材センターという仕組みの力を借りて、見守りのネットワークに入るのは一方法です。

趣味は小さなことでいい……50代男性

年をとったら社会還元ということを中村さんに言われて以来、私の宿題になっています。趣味の中ですでに実践しているのが、50代前半の男性でした。掃除が趣味と言います。現役で働いていていちばんの趣味は仕事だけれど、それ以外ならトイレ掃除だと。しかも家のトイレだけではないのです。外出先のトイレ、地下鉄の駅でも飲食店でも、トイレに入ったらキレイにする。小さい掃除でもいい。水はねがあったら、トイレットペーパーをちぎってきて拭くとか。

フリーランサーで好きに生きてきて、子供はいない。何か還元できないかと考えたとき、「あれだな」と思ったそうです。スッキリした、してよかった、あの掃除だ、トイレはキレイな方が誰だって気持ちいいはずだと。

「ペイフォワード」という言葉も出ました。先にいいことをすると恩恵が巡ってくる。そこまでの思想を持ってしたことではないけれど、自分がキレイにしたトイレに入った誰かが、キレイなのは気持ちいいなと感じて、次に入ったトイレをキレイに使い、そういう人が増えれば、たくさんのトイレがキレイになっていく。

夢があってすてきだと思いました。はじめ趣味がトイレ掃除と聞いたときは、ピンと来なかったけれど、自分が楽しいだけでなく、波及効果がとても広いです。

趣味ってゴルフのように道具を揃えたり、どこかに習いにいったりする、わかりやすいものばかりではない。こんなふつうの、人に説明しづらいくらいふつうのことでいい。社会還元って、ボランティアやチャリティといった名のある活動に参加するだけではない、日常の延長でいい。そう励まされました。

夫に趣味ができて良かった……60代女性

60代の女性は夫と2人暮らしです。仲はまあまあいいそうですが、定年後の夫を少々持て余していた時期があったとのこと。リタイアしたとき、夫は自分の人生をどう軌道修正したらいいかわからないようだった。趣味もない。妻の方は仕事でも趣味でも忙しく、ちょっとギクシャクしたそうです。

そんな折り、たまたま夫がイギリスのトランプ遊びというのを知り、面白いと感じたらしい。4人でする遊びなので、その集まりに出かけるようになる。トランプ遊びの愛好家には女性もいて、女性とのメールのやりとりがはじまったり、海外に住んだ経験のある人も愛好家には多く、その頃の話を聞いたりと、交友が深まり、妻としてはたいへん助かった。

　トランプ遊びに出合うまでは、妻が出かけようとすると、「何時に帰ってくるの」とネガティブなムードで聞いていたけれど、それもなくなりました。

　定年後に何をするかは、結構大きな問題です。その人と同じマンションにも、「夫が一日中テレビの前に座っていて」とこぼす妻がいるといいます。

　体が動かなくなったら、テレビで外の世界とつながることはあり得るけれど、まだ十分動けるうちからそれではもったいない。遊びは外の世界への大きな出口となり得ます。「生産性がないから」と軽んじてはいけない気がします。

メイクレッスンで新たな自分に出会う……50代女性

　50代の女性は、メイクレッスンというものを受けてみました。

　それまで美容方面にはまったく関心がなく、エステも一度も行ったことがないほど。趣味全般に無関心でした。

きっかけは50歳を過ぎ、外のショーウィンドウに映った娘と並んだ自分をたまたま見たとき。お嬢さんはまだ高校生なので、隣にいると「えっ！　誰、このおばさん？」とかなり落ち込んだ。自分は年の割に若いと思ってたけれども、いつまでも若い気でいないで、年相応のメイクをした方がやっぱりいいなと思ったそうです。

50代からのメイク術みたいな本を買って、真似てみたけれど、いまいちピンとこなかった。

そんなときカルチャーセンターで、50代からのメイクレッスンというのがあり、行ってみたら、これがよかった。個人のメイクレッスンで8千円くらいしたけれど、参加して伝授されたメイクの考え方は安い化粧品ですませるもの。デパートで美容部員さんに化粧品を売りつけられることを考えれば、8千円でも高くないなと思ったそうです。

それを機にスキンケアにも凝るようになりました。メイクレッスンで言われたのは「50代以上のメイクでいちばん大切なのは肌です」と。若いときは目を盛りたいとか口紅の色をビビッドにとか思うものだけれど、年をとってからは肌をいかに輝かせるか。それには保湿が大事と聞いて、彼女の日常に新しいことが加わりました。

できれば朝、化粧水にひたしたシートを顔に貼った上に乳液をつけて5分、裏返してさらに5分置くローションパックを、家事の合間にしています。シートは１００円ショップ、ローションもドラッグストアのプチプライスのもので、ほんとうにお金はかけません。

それをはじめてから実際に乾燥しなくなったそうです。

もちろんメイクも変わりました。自分に合ったアイメイクの仕方から、肌についてはもう事細かに教わってきたのです。艶が大事だから、ファンデーションはリキッドかクリーム、「粉はパフにつけてそのままはたかず、いったんしみ込ませてから。艶が出ないのは粉のつけ過ぎなんです！」など、そこまでの指導を受けました。

年をとってもこういうメイクをすればいいのだとわかった、と興奮ぎみに語っていました。レッスンに来る人はみなさん自己流のメイクをしていたそうですが「50代に入ったらメイクのおさらいをしておいた方がいい」と。

たしかにメイクなんて毎日のことだから習慣的にしていて、新しいことを覚えるのが面倒です。私もとにかく「変える」ということが億劫で、ファンデーションひとつも同じものを使い続けてしまいます。でも肌そのものが若いときと違うから、同じことを保守的に、それこそ「守りに入った」メイクをしていても今の自分は輝かないわけです。

メイクの効果は大きいと、介護施設で高齢者にメイクをするボランティアをしている人から聞いたことがあります。ほんとうにうれしそうで、表情まで見違えるように生き生きとすると。病気の人をメイクで元気づける活動もあるそうです。

さきの50代女性は、メイクのことになると、かつて無関心だったとは信じられないほどいくらでも語れそうでした。語る表情が楽しそうで、よい出合いだったことが伝わってきました。

話を聞いてみて
考えたこと…④

柔軟な人のほうが人生を楽しめそう

シルバー人材センターで話を聞いていて、思い出したことがあります。

あるビルのフロアーの一角に給湯室があったので入ろうとしたときです。掃除の女性に叱りつけられました。そこでお湯を汲むな、と。びっくりして憮《ぶ》然としましたが、「あ、こういうことってしばらくなかった」ハッとしました。

若い頃と違い、ある程度の年になると、頭ごなしに注意されることはなかった。1からのスタートでしかも仕事となると、こうしたシーンもあるかも。

過去の地位にとらわれないで、と文章にすればそのとおりだけど、実際にはこういった、自分としては理不尽にも感じられる場面にどう対処していくかが問われるのでしょう。リセットに際しての男性のとまどいを書きましたが、女性の私にも他人事ではないと、心していきます。

メイクやトランプの話には、趣味をみつけることの大切さと、情報更新の必要も感じました。メイクレッスンは、50代からの人の「一般」に加え、個人に合った方法を教えてくれる。前章のお金の相談と同じように、1回プロのコンサルタントを受けるのもいいと思いました。

宿題の「社会還元」はユニセフに加えてUNHCRを始めました。ユニセフを調べたときのパソコンの履歴からか、ネット画面を開くと難民の子供の写真がしょっちゅう出てきて「これも次世代だな」と。

寄付をしていますなんて本来自分から言うものではありませんが、この間の新しいスタートとして報告します。

第5章

80代、90代でひとり暮らしの人の暮らし方

ふつうの人でも、健康長寿の人はたくさんいる

年をとっても守りに入らず活動的な生き方をしている例をたくさん聞きます。家族と暮らしてきた人が、人生の途中からひとり暮らしになっても、そこで沈んでしまわずに、あるいはいちどは沈んだとしても気持ちを切り換え、自由に時間が使える立場を受け入れ、むしろ活かしていく。

90歳を過ぎても元気な人が、メディアでしばしば取り上げられます。が、著名人でなくとも、年をとってなお生き生きとしている人は、けっして特別ではないと感じます。身近なモデルケースというか、普通の人で健康寿命を謳歌しているかたがたの例をご紹介します。

東京近郊の駅近マンションで自由なひとり暮らし……84歳女性

84歳の女性はマンションでひとり暮らし。駅から徒歩1分。ひとつ隣が大宮駅でデパートでの買い物には不自由しません。美術館や音楽会もいくらでも行ける。住まいそのものはマンションの11階で、富士山が見えスカイツリーが見え隅田川の花火まで見えて、もう、できれば一生住み続けたいくらいだそうです。

「よく老後は田舎暮らしみたいなイメージがあるけれども、その気持ちがまったく理解できない。私はシティギャルだから」と言っていました。シティライフを、今まさに楽しんでいます。

放送大学の受講を60代半ばを過ぎてから始め、家にいての受講だけでなくスクーリングにも参加し卒論も書いて、10年ぐらいかかって卒業したそうです。文章を書くのはもともと好き。卒論とは別にずっと書いていて、雑誌にも応募していて、79歳のときいちど採用されたとか。

私の知人のお母さんも、90過ぎてやはり文章を投稿しているそうです。娘の言うに「90過ぎてまだ世に出ようという野心がある」。

はたからもわかるほどの野心があるというのは、以前の私はあまり好ましいと思っていなかったけれど、今は素直に敬服します。いくつになっても意欲的であるなんて、見習いたいことだなと。小説の新人賞などでも、高齢になってから受賞する例をよく聞きます。

さきの84歳の女性は情報機器にも親しんでいて、パソコンは使うし、今はiPadで英会話を習っていて、スマホも欲しくなっているらしい。旺盛な好奇心を持ち続けています。

夢中になることがあると、友だち付き合いがときには煩わしくなるものです。その女性も友だちはいるはいるけれど、家にまで上げ茶飲み話をする、といった付き合い方はしない。ふいに来た友人を追い返したこともあるそうです。「悪いけど、私には私の予定があるので」と正直に言って。

年をとるといつ助けてもらうかわからないからと、つい相手に合わせてしまいそうなところを、勇気の要ることですが、結果としてかえって仲が良くなった。追い返された人も、本音で付き合える人だと思ったのでしょう。

マイペースを守ろうとすると人付き合いが悪くなると思われがちですが、必ずしもそうではないみたい。

・近所の人から助けてもらえるように

ご近所付き合いも深くはしないけれど、挨拶はよくするといいます。行きつけの定食のお店があって「いつものですね」とか聞かれると、ひとり暮らしで人と話す機会の少ないこともあり、ついおしゃべりをしてしまう。友だちともご近所とも「深く、狭く」ではなく「浅く、広く」お付き合いしているようです。

ちょっとしたことを頼める人もいます。「近所のおせっかいおじさん」と呼んでいる人。「おじさん」って言ってもその人より年下で、でも74歳だそうですが。電球の交換とか、荷物を運ぶとかはどうぞと言ってくれている。

そういう関係を作る努力はしています。さきの定食のお店のように外でごはんを食べるにしても、意識的に同じところへ行って顔なじみになっておく。追い返した友だちにもフォローはしたのでしょう。

「私はこういう人だ」と最初に示し、時間やプライバシーに際限なく踏み込まれることのないよう線引きした上で、人の力を上手く借りている。年をとるとひとりですべてをすることは、どうしてもできなくなります。力を貸してもらえる関係を育みつつ、付き合いが自分のストレスにならない仕方をみつけてきている印象です。

世話になるからには断ってはいけないと、「どうぞどうぞ」と何でも受け入れてストレスが募り、結果としてその人に来てほしくない、みたいになっては本末転倒でしょう。84歳のその人の自己運営を、私も見習いたいものです。

・ジムに行かなくても普段から歩く

勉強好きな84歳の女性ですが、スポーツらしいことは特にしていないと言います。ただそれに代わると思うのは、歩いて10分くらいのショッピングモールまで毎日出かける。少し休んでから帰りもまた歩きで。計20〜30分のウォーキングです。

行った先で休むのはそれなりに疲れるからだろうけど、言い換えれば疲れてでも20〜30分は歩くことを欠かさない。買うものがない日でも、意識的に毎日そうしているようでした。

別の人でタクシーをよく使うという人がいます。出かけるのが好きで、でも歩くのはたいへんだからタクシーを頼む。信頼できる運転手さんを何人かみつけて、お願いすることにしている。そんなふうに上手く利用している例をときどき聞きます。

知っている運転手さんにお願いしたい気持ちはわかります。いわば密室で運転手さんと1対1になるタクシーは、女性だとなんとなく怖いし、年をとればなおさらでしょう。家も知られるわけだし、タクシーに乗れるくらいのお金はあると思われるのは、不用心な気もします。

なので、信頼できる人に来てもらうシステムを自分で作っている点では見習いたいけれど、いつ頃からそうするかタイミングは考えどころです。

タクシーを使う楽さをあんまり早くから覚えてしまうと、衰えを加速させる恐れもあります。費用から言っても、タクシーはそうしょっちゅう乗れるものではありません。出かけたいけどタクシー代を払ってまで行くほどではない、歩くのは億劫だからやめておく、というサイクルに陥らないか心配です。

出かけたいから自然と歩く。そちらの方が健康にもよさそうです。

スポーツジムに行くだけがスポーツではないのだと、ショッピングモール通いの話から気づかされます。

・節約の工夫が日々を鍛える

変な言い方になりますが、節約の工夫をするのは心身の衰えを防ぐような気がします。といっても、何でも自分でする、というわけではなく、体力に合わせて人に頼むこともあるけれど、さきに話した電球の取り替えやちょっとした荷物運びを「近所のおせっかいおじさん」にお願いせずに、業者の何でも屋さんを呼んだら5千円くらいかかってしまう。それはたいへんだから、それよりも厚意で引き受けてもらえるような関係を日頃から築いているともいえます。

節約の工夫には、大きなものもあります。第2章の住まいのところでも話したようにこの84歳の女性は老人ホームへ入るタイミングを検討中。85歳を過ぎると入居金が割引になるからと。ただ、住んでいる自宅の換金価値が、ご本人の言うには20年過ぎるとガクッと下がるそうで、今は17年。その面から言うと自宅を売却してホームへ移るのが、遅ければ遅いほど「お得」というわけでもない。両方を考え合わせてタイミングを見極めようとしています。

　私が励まされるのは、84歳でもそういったプランニングができるということ。このへんのお話は、ふつうの人ならではの現実味があります。著名人イコール資産家とは限りませんが、お金にそれほど不自由をしていない人の話だと、「生き方はすてきだけど、ちょっと真似はできないわ」で終わってしまいかねません。

娘は東京。支援を受けながら東北でひとり暮らし……96歳女性

　96歳の女性は東北の某都市でひとり暮らし。76歳まで働いていました。定年後も手伝ってくれと言われ続けて、その年での引退となったのです。

娘が3人いて、3人とも東京です。70歳、67歳、63歳ですが定年後もそれぞれにパートタイムやフリーランスでまだ働いています。長女に話を聞きましたが、年をとっても働き続けることは母親から学んだというか、当然のことというムードだったそうです。

63歳もシニアと呼ぶならシニア女性が4人のわけですが、バラバラに住んでいて適度な距離を保った関係。96歳になったから娘に実家へ帰ってきてもらっていっしょに住もうとか、娘のもとへ身を寄せようとかいう発想はないそうです。

足腰はさすがに衰えてきたけれど、台所にはまだ立っている。地元のタクシーの割引会員になって外出はタクシー。買い物を済ませたら馴染みの運転手さんに家の中まで運んでもらうそう。そういうシステムを自分で作り上げている。

・生活マネージング力とスケジュール調整力

95歳から週3回デイサービスに行きはじめ、その他にヘルパーさんが週3回、1回1時間ずつ来ています。掃除の人が1回、ご飯を作る人が2回。

家事の中で最初に手放したのが掃除。食事の支度は自分でもできるけれど、毎回台所に立つのはつらくなってきたそうです。

頼む以上は自分のやり方を押し付けない。掃除の人は必ずしも自分の気に入るようにはできないけれど、それはいいことにする。ご飯を作る人も野菜の切り方などが自分と違っていても許せる。任せたからにはその人の好きなようにしてもらう、それが外の人を入れても上手くいくコツのようでした。

と言っても、丸投げではありません。ご飯ならメニューからお任せではなく、きちんと要望を出している。食材は買い物に行くなり届けてもらうなりして用意し、ヘルパーさんに「こういうのを作ってください」とお願いしているそうです。調味料などの在庫も記憶していて、食材の管理、お金の管理はできるのです。

とにかく食べることが好き。仏様にご飯を差し上げないといけないから朝は必ず自分でタイマーでセットしてごはんを炊き、みそ汁と一品を作る。お昼は仏様にあげたものを下げて食べる。夜は作ってもらったものや昨夜の残りを食べる。

結構好きなものを買って食べてもいます。カツとかうなぎとか、牛肉を買ってひとりすき焼きをするとか。食べたいものを食べるというのは、とても大切。仮に自分で手を動かして作ることができなくなっても、「何を食べたい」という欲求は最後まで手放さない方がいいなと思いました。

人に頼むことには、むろんお金がかかります。自分の現状に照らし合わせて必要かどうかを判断し、必要ならお金を払う。その見極めが大事だし、その方は96歳でもまだできるのです。

必要に応じて人に家に入ってもらっているし、人なかへ出て行くのも好き。デイサービスでは初めての人ともしゃべるし、整形外科、内科、眼科へもひとりで通っています。人と接するのは刺激になる一方で、疲れもする。何もない日があるとホッとする。

自分の体力と必要に合わせてスケジューリングして、自分に適したペースで上手に人と交流している感じでした。スケジュールを立てることそのものも、頭を使うので刺激になりそうです。

趣味は書道。年賀はがきも、誰に出して誰から来たかをきちんと記しています。

意識的に衰えを防止しているのかもしれません。家は小さいそうですが周りに花を植えて、世話をまめにしています。その世話も運動になるのでしょう。

昔の家だから段差が多く、それがかえっていいのではとも言います。たしかに「年をとったらバリアフリー」と考えがちですが、家を一歩出れば段差だらけ。バリアフリーに慣れてしまうと、出かけるのが怖くなりそうな気がします。

・人に頼れないと老後は大変

この96歳の女性には6歳下の妹さんがいて、姉とは対照的だそうです。他人が家に入るのは嫌い。家事全般、自分なりのやり方がある。身内がいちばん。他人との距離感をつかむのが苦手なようです。

その気持ちはわからなくはないです。私の中にも妹さん的な要素があります。週に何回も人に来てもらいいろいろお任せするのと依存心とは、まったく別のことだと、96歳の人の日常に感じますが、妹さんの気持ちがわからなくはないのは、自分のやり方ではないやり方でも受け入れられるかどうかが、私の乗り越えるべき課題だと予測できるからです。

今は「片付けが趣味」といえそうなほど、自分の好きなように家の中を整えています。ずっとひとり暮らしなので、人が自分とは違うやり方で家事をする経験がない。年をとってからいきなりそういう状況に直面するのでしょう。

96歳の女性は娘3人を育てながら76歳までお勤めをしていたくらいだから、なんでもおできになるだろうし、人のやり方を見て手際が悪いと感じることもたくさんあると思います。そこを割り切れるのはすばらしい。自分が台所に立つならもっと上手くできても、今の自分は毎日は立てないわけだから。

生活を組み立てる基準があくまでも「今の自分」なのです。

お年がお年なので娘たちは交替で東京から毎月来てはいますが、今のところはひとり暮らしができている。近所付き合いも大きいようです。

向かいの家の女性も91歳ですが天ぷらを持ってきたり、裏の家の女性もお正月に伊達巻を作ったり、食べもののやり取りは結構あるといいます。身内だけで固めるつもりはさらさらなく、ご近所と持ちつ持たれつの関係を築いたり、ヘルパ

Iさんのような公的なサービスを利用したり、自分を支えるシステムをよく活用しているのです。

親の介護のときに感じた「やり方の違い」を割り切る大変さ

自分と違うやり方を受け入れるのがたやすくはないことは、親の介護で学びました。自分の心の狭さを感じた経験です。介護はきょうだいで交代でしていましたが、それぞれの家事のやり方があり、そのとまどいは介護の上のストレスでもありました。

あんまりつまらないことで気がひけますが、例えば、自分の当番で行ったとき、ソファの上にバスタオルやタオルケットが何枚も丸めて置いてあると、一瞬イラッとしてしまいます。

そのように置いた事情はあるのでしょう。お風呂から出た後拭いていたとか膝掛けにしていたとか、そこへ急に親をトイレへ連れていかないといけなくなってはねのけたとか。でも、ずっとそうだったわけではないだろうし、せめて四つ折りにしてほしい。

もちろん、そんなことを口に出しては介護の協力関係にヒビが入るからぐっと呑み込んで、自分のいる間は自分のやり方で整理する。

私は私でやりすぎで、タオルを棚にしまうだけでなく、向きを揃えたくなるのです。折ると山の部分と谷の部分がありますが、山がこちら向きになるよう揃える。扉のない棚なので、その方が見た目にきれい。介護とは何の関係もない、単なる好み。

私の次に来る人は、その並べ方にやはりイラッとしたかもしれません。こんなことより親の方へもっと神経を払ったらと。

また、私のやり方が、人にはすごくやりにくかったこともあるみたいです。洗濯のハンガーは不揃いな向きに積んであると、取り出すときひっかかるのが煩わしくて、プラスチック製のランドリーバスケットの中に、物干し竿にかける部分をへりにかけて入れていました。

ある日、たまたまいっしょになったきょうだいが、脱水の終わった洗濯物を入れようとして、「わっ、また、ハンガーが入れてある！」と。このバスケットは洗濯物を洗濯機から移してベランダに運ぶためにあるのに、ハンガーが入っていると取り出さなきゃならなくて面倒だと。

小さなことではあるけれど、お互いに少しずつストレスになっていたと思います。どちらが正しいというものではなく、長年の生活習慣はそれだけ根強いのです。夫婦間や嫁と姑との間でよく問題になるのはこれだったのかと感じました。

自分のやり方が絶対なわけではないと心して、単純に言えば「我を張らない」「やり方は人それぞれ」ということになりそうです。

「頼める」ということと「頼まない」ということ

「年をとったらこうありたい」と私が思っていた故・吉沢久子先生は、さきの96

歳の女性と似ています。やはりご高齢でサポートを受けつつのひとり暮らしでしたが、人に家に入ってもらうからには、こうではない、ああでもない、みたいなことを言ったら始まらないとおっしゃっていました。

それを実感したできごともあります。お仕事をごいっしょしていた頃、うちにおいでいただいたことがあり、糠漬けの大根をお出ししましたが、恥ずかしながら刃が下まで通っていなかったらしく皮が全部つながっていたのです！

注意が行き届かず、まな板や包丁の管理もできていなかったのでしょう。皮を剝《む》かずに漬けることからして、吉沢先生のなさり方とは違っていたかもしれません。料理が上手な先生にしたら目をおおいたくなるありさまかと思いますが、そんな失敗も楽しく笑って下さいました。

年をとるにつれ、できないことは増えていきます。吉沢先生のお宅へ私がよくおじゃましていた頃も親戚の女性がときどき手伝いにいらしていました。

お礼はお支払いになるということ。身内であってもそういう取り決めをなさるところもご立派です。どんなときも労働には対価を支払うべき、とは思いません。

それがふさわしくない状況や厚意を受けるのがよい状況もあるでしょう。
若い人からたくさんものを教わっていると、口癖のようにおっしゃっていらしたけれど、教わるだけではなく、教えてもいる。筋道を通すところは通す。そうした真に対等な人間関係を、年齢が上か下かを問わず築いているのだと思いました。

私がよくおじゃましていた頃、冬場しばらく間の空いたことがあって、後で聞くと風邪を引いてしばらく寝ていたとのこと。あまり経験のないことで、寝ていながら「なんて楽なんだろう」と思ったそうです。台所仕事もしなくていい。考えてみれば自分は年齢的には介護保険を受けて、毎日でも人に来てもらって家事から身の回りの世話まで頼んでも何の問題もないのだなと。

でもこの楽さをおぼえて自分を甘やかしたら早く衰えるなと思うと空恐ろしくなって、少し具合がよくなったらまた起き出して、自分のできる台所仕事から再開したそうです。頼んでいいということと実際に頼むかどうかは、まったく別のことなんだなと感じたお話です。

話を聞いてみて
考えたこと…⑤

人に手伝ってもらいながら、自立して暮らす

老後というとつい、困ったときのことばかり想像してしまいます。いろいろなことができなくなっていくとき、誰に何を頼めるのだろう。頼めるようにするためには、今から何をどうしておいたらいいのだろう。住まいやお金の話はどちらかというと、その態勢作りを探るものでした。

この章で聞いた話には、人に頼まずにどこまでするかを考えさせられました。お話を伺った方々は、住み慣れた家でできるだけ自立した生活を続けていこうとしています。部分的には人の力を借りていますが、全面的に依存するのではなく、自分の体力や資産の状況に合った取り入れ方をしていました。

「頼める」ということと「頼む」ということの違いを強く感じました。

そのときそのときの自分の現実を把握し、頼むところと自分でするところと

を判断し、生活をマネジメントしていく。

そういう力をより長く保つことの方が、老後ではより大事になっていくのかもしれません。

食事であれ趣味であれ好きなことを手放さないこと、ほどよい距離感のある人間関係を築くことの大切さも感じました。

頼めるのは安心で、私もできればそういう環境に身を置きたいです。その中にいながらできるだけ自立した暮らしを続けていくのが、理想に思えます。

第6章

残りの人生がもったいない！疲れる人間関係はリセットする

友人関係をリセットするタイミングを考える

年をとると人間関係が大事というのは、多くの人が感じていると思います。よく聞くのは「今のうちに友だちを増やしておかないと」という話。

私は実は友だちがとても少ないです。付き合いはもっぱら仕事上の知り合い。その中でもなんとなく気があって、業務上の連絡プラスアルファのメールをしたり、仕事上必要なことでなくても誘ったりする人はいます。でも、仕事とまったく関係ない人と誘い合わせてどこかに出かけるということは、ほんとうにない。「なかった」というべきかもしれません。趣味ができてから、その状況が今ようやくわずかずつですが変わりかけているところです。他の方は実際にどうしているんだろうと思い聞いてみました。

50代の男性は、仕事を変えたら友人関係がガラッと変わったといいます。会社の重役をしていたのが、早期に退職しフリーランスで働きはじめました。

会社にいた頃は、お酒を飲む付き合いが人間関係を築くのには必要という思い込みがあったそうです。50代の男性からすると自分たちの上司の世代にあたる「団塊の世代」にそういう考えの人が多く、「嫌なお付き合いもして、飲めない酒も飲んで、そこから始まる」と言われてきました。

フリーになって今つくづく感じているのは、それを真《ま》に受けてはいけなかったと。「飲めない酒も飲んで」なんて、人間関係を築くのにはまったく必要ない。

相談事のあるときに「夜にしようか」と言う人は、信用しないそうです。そこで「試す」と言うと言葉が悪いけれど、「昼でもいいですか」と聞いてみる。「いいです」あるいは「昼の方がありがたい」という人は信用できる。それでもって相手がわかると言います。

仕事を変わってから、老後もやりとりできる人って何人いるだろうと指折り数えると、片手で足りるかもと気づいた。嫌な付き合いもがまんしてきたけれど残るものではなかった。仲間でワイワイ、自慢話も遠慮せずにしながら楽しく、そういうのがほんとうの付き合いだと思う。これまではあまりしてこなかったけれど、これからはそういう付き合いならしていきたいそうです。

「奪い合う関係は嫌です」と言っていたのが印象的でした。続く関係があるとしたら支え合う関係、もしくは奪いも与えもしない関係、そういうのがいいなと。

「助けてもらう」ための友だち作りはやめる

年をとったときのために今のうちから友だちを「作っておく」というのには、支え合うよりは、支えてもらうイメージがありはしないでしょうか。

反省を込めて言えば、私が30歳になる頃、当時は30が結婚するかしないかのひとつの線引きでしたが、その年齢をひとり暮らしのまま迎える女性が「年をとったら一緒に住みましょうね」と言うのが口癖というか、会えば挨拶代わりにする決まり文句のようになっていたのです。

でもそれは幻想。一緒に住んだって、自分が頼りたいとき相手が頼っていい状況にあるかどうかもわからない。頼るイメージがあっても頼られるイメージは持たずに言っていたような。当時からマイペース人間の私は、友だちと同居できるとは本心では思っていなかったけれど、挨拶代わりにしても、ああいうことを軽々には口にすべきでなかったと思います。

「今から友だち作っておかないと」というのも、シニアを前にした私たちには、30を前にしたときの口癖と似たようなものかもしれません。

口癖には心の中に常にあることが表れます。友だちがいなかったら不安という気持ちはわかるけど、何かのとき助けてもらうことを期待する友だち関係ってあり得るのか、現実問題としてもどこまで機能するのか疑問です。

直接に助けてもらうのは、前章で80代、90代のかたがたの暮らし方のお話から昔からの友だちより、ご近所とかヘルパーさんとかお金を払って来ていただく人のように思います。直接の助けについては前章のかたがたに学んで、得られるしくみを別に作り、友だちとは気持ちの面での支えと分けていこうと、今の私は考えています。

LINEグループで安否確認をする

ひとり暮らしの人のLINEグループがあるという話も聞きました。離婚して子供のいない女性同士が「シングルの女子会」と名乗って、LINEでつながっているそうです。そんなにしょっちゅうやり取りをするわけではなくて、朝と夜だけ、「おはよう」と「おやすみなさい」はとりあえず言う。それが生存確認になる。そうした目的にはLINEは使い勝手はいいそうです。「この人はずっと既読がついてない」というのがわかるから。

生存確認といえば、人感センサーで一定期間動きがなければ警備会社に通報が行くものがありますが、そうしたものだけに頼らず、LINEというしくみを利用して自分たちで作る方法もあるのです。お金があまりかからないし、脳への刺激にもなりそうです。

50代男性の義理のお母さんは78歳でシニア向けのスマホを買い、LINEをはじめたとのことです。

彼のイメージにあるのは、20年先までも続けられる長い付き合い。さきのLINEグループの例示するようなコミュニティを維持できるのは、たぶん淡い交わりだろう、会うにしても年に数回、お昼でもぐらいの頻度のものではないかと言います。私も同感です。

そういう淡い交わりの友だちなら、たしかにたくさん必要な年齢かもしれないと彼は感じています。まだ50代で働いてもいるから、どうしても仕事上の人間関係が多くなるけれど、その中でも「この人だったら仕事を離れても、損得なしに付き合えるかな」と確認している段階と言っていました。

損得なしに、というのはひとつのポイントになりそうです。彼が会社にいた間は付き合いがあったのに、会社を辞めて独立すると離れていった人が結構いました。ケンカをしたわけでもないから理由はわかりません。たぶん、相手にとって自分がもう利益を得られる人間ではなくなったからではないかと。

そんな折り、スピリチュアルなことの少しわかる人にその話をすると、「それは吉兆」と言われたそうです。これから太いつながりができてくるでしょうと。その人に言われたことで彼にとって印象的だったのが、「手にずっと握っていると新しいものを握れなくなる」という言葉。たしかに示唆に富んでいます。

老後に向けて、今ある人間関係を何が何でも手放すまいと頑張るのではない、掌をゆるめてオープンな状態にしたら、それでも残るものあり、逃げていくものあり、新しく摑めるものもあるでしょう。

最近男性は、こども食堂をしているNPOに参加するようになりました。それまでになかった縁が向こうからやって来て、「吉兆」とはこれのことを指していたのかなと、あの言葉をしばしば思い出すそうです。

マンションのご近所さんはいちばん身近な他人

68歳の女性は同じマンションの住人同士、LINEをしています。LINEにはいくつも入っていて、グループでのLINEもあれば個人のもあるそう。

ちょっとおかずをもらったりしたら個人のＬＩＮＥでお礼を言う。全員のＬＩＮＥは例えば、みかんがたくさん届いて持て余しているとき、「みかんが来たんだけど、欲しい人いない？」。すると「欲しい」「欲しい」と続々出てきてすぐに解決。そういうふうに使い分けています。

食べ物のやりとりだけでなく、もう少し深刻な内容のときも。具合が悪いという連絡が、個人のＬＩＮＥに来ることも全員のＬＩＮＥに来ることもある。今すぐ何をしてほしいというわけでなくても、状況を知っておいてもらえるだけでも安心につながるのです。

マンションには２つの棟を合わせて３００人近い住人がいます。大規模マンションは住人同士疎遠になりがちと一般には言われますが、その中でもＬＩＮＥグループがいくつもできるほどの人付き合いは成立するのです。

「マンションに養われている」とその人の夫。でも、一方的に受け取るばかりの関係ではない。女性はマンションの集会室で、利益なんて出ない安いお金でヨガを教えている。「与え合う関係」になっています。

私はLINEこそしていませんが、マンションは生存確認の上でもいちばん「身近な他人」だろうと思います。「どうしたかしら」と気にかけられるようになるには、会ったとき「おはようございます」でも何でもいいからとにかく挨拶するのは大事です。

引っ越してくる前は、戸数のわずかな小規模マンションで長く住んでいる人が多いと聞き、「皆さんどれくらいの深さでお付き合いしているのだろう、必要最小限は私もするけれど、なるべく浅くがいい」と思っていました。昔の長屋みたいな醤油の貸し借りなんてあり得ないなと。

でも、ぶどうを分けてもらったり、私から到来物のりんごやお菓子を持っていったりしています。今は単身世帯が増えているし、家族で住んでいても少人数だから、消費期限のあるものをたくさんもらっても困ってしまう。旅行とか出張とかで不在にすることもありますし。醤油の貸し借りまではなくとも、頂き物のやりとりは結構あるのではないでしょうか。

分譲マンションには管理組合というものがあります。任意で参加するのではなく所有者なら否応なしに組合員になり、役員も1年にいっぺん選出しないといけません。役員が回ってきたら面倒で嫌だけれど、ジタバタしないで引き受ける。いつかはしないといけないのだし、誰だって面倒なのだからお互い様です。

無駄な抵抗をせずに引き受けて役員がすんなり決まると、みんながほっとする感じで、少しは役に立つことができます。マンションでは避難訓練もあるし、意外と顔を合わせます。そういう機会も大事にしていこうと思います。

ご近所でないと得られない情報もあります。歯医者さんはどこがおすすめとか。インターネットでお医者さんの口コミサイトもあるのでそれですむと思っていたら、関係者の書き込みも結構あると聞いて驚きました。地域の情報はご近所ならではです。

仕事の役割を捨てて個人の人間関係に切り替える

一般的に男性のほうが、現役時代と人付き合いの仕方や人に向き合う態度を変えるのになかなかたいへんと聞きます。

会社の重役から一転フリーで働きはじめた50代の男性は、「何々会社にいた、重役だったという考えは、早めに捨てた方がいい」と人から言われたそうです。自分でもそのつもりでした。頭ではわかっていたけれど、実際はできていなかった。

あるとき仕事を持ち込んだ先の人から指摘されました。「そういうものの言い方は止めたほうがいいですよ」「あなたはもう何々長という肩書きのある立場ではなく、一フリーランスですよ」。そうか、自分はまだ何々会社の何々重役的なものの言い方をしていたのかと気づかされた。

自尊心の傷つくようなつらい指摘で、私ならいつまでも引きずってしまいそうです。彼が立派だと思うのは、指摘を正面から受け止め、ものの言い方を改めて、また同じ人のところへ仕事の案を持っていったこと。

相手は「こういうのを待っていたんです」と実現のために全力を尽くして、以来強い信頼関係で結ばれました。指摘した人もえらいし、すぐに切り替えた彼もえらい。こういう人間関係の再構築ができたらすてきです。

女性の場合、かつての雇用環境からいって企業で定年を迎える人はまだ少なそうですが、仕事以外の人間関係ではスピードを、仕事のときより少し落とした方がいいように感じます。

私も仕事で会議に出ますが、そこでは限られた時間でたくさんの案件をこなす責任があるので、意見を求められたら、間違っているかもしれなくても、とにかく考えを言う。発言がなければどんどん先へ進みます。けれども、仕事以外の場で同じようにしていたらうまくやっていけないかもしれない。気をつけようと思います。

今のシニア女性でよく見かけるのは、お店のレジやいろいろな受付などで「この人はいつも最優先にされてきて、それが当たり前になっているんだな」と思う人です。「じゃ、これにして頂戴」とか「まだなの」とか。人が自分のために動くのが当然になっていて、待たされることに弱い。

美容院でこんなことが。上客らしい女性が予約なしで急に来て「お食事会に行くから、ちょっと巻いて欲しいの」とか言っている。ご指名のスタイリストには先客がいるので大わらわになっていると、「そんなに時間かからないわよね」とプレッシャーをかけている。それがずっと通用すればいいけれど、今の立場は永遠ではないのがふつうで、そのときにどうするかが問われます。

私は優先待遇を受ける立場ではないけれど、同じ仕事を続けているので、丁寧語なしに注意されることは少なくなっていると、第4章のところで述べました。なので給湯室で掃除の人から頭ごなしに叱られたときは驚いたし、反発をおぼえなかったと言えば嘘になります。

認めるのはつらいけど「気位の高い人」に、私もなっているのかもしれません。でも何の後ろ盾もない一個人として社会に放り出されれば、そういうことも往々にしてあるでしょう。あのときの経験は忘れないようにしようと思います。

リフォームで人を呼べる家にするという「孤独死対策」

年をとったときのことを考えて、人が来る家にしようと考えた女性の例を、2つ聞きました。

ひとりは60代前半の料理研究家です。まだお若いですが夫を看取って、割合い早くひとりになりました。夫と共に持っていた不動産を整理し、マンションに引っ越して暮らし全体をサイズダウン。引っ越すにあたってはリフォームしましたが、そのときのテーマのひとつが、人の来るような家。

料理が好きで仕事にもしてきたから、中心テーマが食であることは言うまでもありません。居住面積の8割をダイニングキッチンにしていて、作りながらしゃべり、食べながらしゃべり、ができるようにしました。

年上の知り合いにモデルケースとなる女性がいたそうです。ひとり暮らしになり、これからは人に来てもらえるようにと自宅で習字教室をはじめました。何らかの特技や長く続けている趣味があるなら、自宅で教えるというのは、人の来る仕組みを作ることになります。

「孤独死対策」とまでは言わないけれども、習字の女性も料理研究家の女性も、パートナーを亡くすという経験をして死が身近になったそうです。現役でバリバリ働いているとなかなか視野に入らないけど「死ってあるんだな」と思ったと語っていました。

人が入って来やすい家にしておくのは、友だち付き合いのみならず、ヘルパーさんなど人の手を借りて暮らすようになったときのためにも必要だと思います。プライバシーを守る姿勢があんまり強固だったり、モノがいっぱい詰まっていても動きにくいでしょう。片付けの好きな私はマイルールが多いのですが、徐々に減らしていかないといけないかも。

知人でリフォームを考えている65歳の女性がいます。夫婦ふたりで一戸建てに住んでいます。リフォームではお風呂を2階に作ろうと最初は思っていたけれど、プランナーさんから「いやいやいや、先々は訪問入浴とかの人が来るかもしれないから、1階にしておいた方がいいです」と言われて、思い直したそうです。

老後の暮らしを想像することは、家の作りを考えるのにも関係してます。

呼ぶ方も呼ばれる方も負担にならないホームパーティー

私は自宅に人が来るとしたら、家族以外では仕事関係者でした。働いていますが事務所がないので、打合せを自宅リビングですることはあります。

仕事と関係なく人を呼んでホームパーティーをすることは、もとはなかったのですが、50歳を過ぎて2回ありました。

1回目は突発的です。前から知っている俳句の先生が、私の家の近くの公園で吟行句会（散策しながら作った句を、メンバーと発表し合う会）をするというので、私も参加しました。公園内で句会は終わって、皆でどこか喫茶店にでも入ろうとなったけれど、週末で街は混んでいて大人数の入れる喫茶店がない。そこでうちへご案内しました。

来てもらったのはいいけれど、急なことでおもてなしするものが何もない。メンバーにそういうことに慣れた女性がいて、私の自転車を借りて近くのスーパーへ行って、飲み物食べ物をみつくろってきました。バゲットとポテトサラダ、スライス済みのハムやチーズを買ってきて、カナッペをサッと作って。みごとな手際に感心するばかりで、そのときの私は場所を提供しただけでした。

2回目は計画し飲食物も準備した意味で、はじめて自分で開催したホームパーティーといえるかもしれません。リフォームを担当してくれた女性プランナーさんが会社を辞めることになったので、退職を祝い感謝するという趣旨で集まりました。家に来たのは私以外に4人です。

私もテーブルにいられるよう料理は作らず、出来合いのパーティーセットにする。前もって注文しておき、当日は取りにいくだけ。「だけ」と言ってもホスト役になるとドキドキします。頼んであるはずの料理ができていなかったらどうしようとか、飲み物は何を用意しておけばいいのだろう、お酒を飲む人はいるだろうか、とか。

完璧にはできないので、飲み物はお茶とジュースをペットボトルでサイドテーブルに置いて各自好きに飲んでもらい、食器は紙コップと紙皿でいいことにしました。夜の7時からはじまって、おひらきになったのは12時近くです。

うれしかったのが、来た人のひとりが後でメールで「とても居心地よかったです」と言ってくれたこと。その人もホームパーティーなんてはじめてで、どうしたらいいかわからずすごくドキドキしていたけれど、「まったく気を遣わなかった」と言ってくれました。

私は料理を運んで帰るので手いっぱいだから、買いきれないものはお客さんに持ってきてもらうよう頼んでしまいました。

「料理は用意しておくので要りません。果物をお願いします。ぶどうとかカットフルーツみたいな、まな板と包丁を使わないのがありがたいです」

「焼き菓子はあるので、チョコレートの個包装のを」

「この駅からいらっしゃるなら、駅ビル内のこの店で買えます」

そんなふうに、図々しいかと思いつつかなり具体的に指示してしまいました。

それが「すごく助かった」そうです。

サイドボードにお気に入りの器が飾ってあるのに、紙皿と紙コップなんて、出ししぶっている感じがしないか、客として大事に扱われていないと思われないか、それも心配でしたが、向こうにしたら「洗い物がない」とわかって気が楽だったということです。

何かの雑誌でホームパーティーをするなら「お客さんにもなるべく何かやってもらう方がいい、お菓子の袋を切るのでもいいから」と読んだことがあります。鋏と袋を渡すより自分で切ってしまう方が早そうだけれど、それでも頼もう、客に遠慮させないために、といったことがホームパーティーの秘訣として書いてあったのが記憶に残っていたんです。

メールをいただき、「手抜きでもおもてなしはできる」と感じました。

何が失礼で何が図々しいかは、ホストのタイプやライフスタイル、そして互いの関係性にもよります。ホームパーティーとはこういうものと決めつけず、状況に応じて少しの想像力をはたらかせる。またホームパーティーをする機会があったら、招く方も招かれる方にも負担のない方法でしたいです。

共通の趣味・興味で立場が違う人とつながる

私がリフォームを依頼したのと同じプランナーさんが担当した別の家のホームパーティーに、招いていただいたこともありました。工事中から「すごくかわいい家があって、趣味が似ているかも。完成見学会にはぜひ来て下さい」とプランナーさんに言われながら、見学会の日はあいにく都合がつきませんでした。

残念に思っていたら、プランナーさんは今でもしばしばごはんに呼ばれるといったお付き合いがあると言うので、「よかったら連れていって下さい。お宅をぜひ見たい」とお願いしたんです。

ほんとうにすてきで、家の話だけで何時間でも話していられそうで、次はうちへとその場でお誘いしました。それまでにはなかった新しいお付き合いです。

友だちがこれからできていくならば、依存心ではなく好奇心でつながれる関係がいいように思います。

どこかへ行くとき誘うのも、ひとりではつまらないから付き合ってもらうのではなく、自分が面白そうに思っていることがあり「あの人もこういうことを面白がってくれそうだな」と思ってくれる人に「今度こういうのがあるけど行ってみない？」。そういうつながりです。

家の話もそうだし、俳句の仲間、最近はじめたズンバの同じクラスの人たちも、広い意味ではそうかもしれません。ズンバは同じクラスの8人くらいと先生と、ジムが主催する発表会に出ることになりました。

参加者はいろいろ連絡をとることが出てきます。発表会に着るTシャツをどうする、など。基本はＬＩＮＥですが、ＬＩＮＥをしていない人が私ともうひとりいて、その2人にはメールをくれます。

連絡先まで交わしていながら、相手のプライベートは何も知らない。どこに住んでいるか、結婚しているかどうか、仕事を持っているかどうかも。たぶん背景はそれぞれでしょうし、年齢からして違います。でもいっしょに楽しめることがあるので、気詰まりはありません。

共通の趣味や興味でのつながりは、「困ったとき助けてもらえるよう友だちになっておく」ものではありません。利害関係とも無縁です。義務もありません。

8人もいれば発表会までの間に親が入院したり本人も体調を崩したりする人も出て参加が危ぶまれたけれど、そうなったらなったときのこと。大人ならいろいろな事情のあることを、お互いわかっています。

私は仕事で使っているメールの受信名とクラスで通用している名が違うので「宛先が○○になっているけど、××さんのメールでいいんだよね？」ととまどったようなメールが来たことがあります。

しまったと思って「××です。まぎらわしくてごめんなさい。メールの名は○○と出ますが、このアドレスで間違いありません」と返信すると、「あ、よかった」。それ以上深く聞かれることもなく、ほっとしました。

同時に、やっぱり大人同士だなと思いました。女性だと結婚して苗字が変わるとか仕事は旧姓のままとかシングルアゲインとか、苗字ひとつもストレートにいかないこともあり、立ち入るべきでないという気づかいでしょう。

学生時代の友人は何のかんの言っても同じような環境にいる人でした。私たちの年になると状況はさまざまです。本人からは言わないけれど聞けばいろいろあるはず。一人ひとり違う状況にあるのを前提に、好奇心や楽しみでつながっているというのを踏まえている。

学生のときは、自分とより多くが似ている人と仲よくなる傾向にあったけれども、今はもう1点だけ共通の何かがあれば付き合っていける気がします。

介護を通じて、きょうだいと出会い直す

前章で話した96歳のひとり暮らしの女性には3人の娘さんがいると言いました。3人は姉妹で旅行することもなく、接近しすぎない関係を続けてきました。何かをいっしょにするとしても費用は割り勘です。

今は母親のところへ交代でサポートに行きますが、ローテーションのようなものをガチガチに固めるのではなく、そのとき身軽に動ける人を優先としているそ

うです。「あっ、私、今動ける」というふうに。3人とも切り替えられるタイプで、分担はうまく行っている印象でした。大人の距離を保ちながら親の介護というひとつのプロジェクトを協力して行っているありかたは、見習いたいものがあります。

私は父親をきょうだい3人で介護しました。姉の子供たちも加わってくれたため5人といえるかもしれません。わが家の場合は、役割分担が「かぶらない」のがかえってよかった気がします。整理して言えば、私は経済面が中心、姉は時間、兄は両方を半分ずつくらい提供する感じでした。

介護の細かな仕方などは、父といちばん多くの時間を過ごしている姉の方針に従い、住戸の改修とか施設をどうするといったことは私の意見を求める、というふうになっていました。姉の子供たちは私たちにできない力仕事とか、私たち3人が行けないとき父の家にいてくれるとか、分担の隙間を埋めてくれました。

接近しすぎないのはわが家も同様で、きょうだいだからといって相手のことを全部知ろうとしない。それは信頼と裏返しです。

例えば私は週末が当番だけれど、地方出張などのため行けない週末も出てきます。「申し訳ないけど、この日曜は来られない」と言うと、姉も兄も「どうして？」とは聞いてこない。とにかく来ないということを前提に方策を考える。

それには私はとても救われて、だからこそ、どうでもいい用事で介護をサボる気にはなれなかったです。姉や兄が来られないときは私も「どうして？」とは聞かない。理由を知る必要はない。

この人が来られないと言ったらそれが事実なのだから。信頼しないと分担はできないし、相手のすべてを知らないと信頼できないわけでもないと思います。距離を置いての介護でしたが、結果的に距離は近くなりました。信頼感が増したというか。

介護を通して相手のことを、人として「見直す」みたいなことがいくつもありました。逆に言うとそれまでは「見直す」ほどの距離がとれていなかったのかもしれません。

きょうだいだと近すぎて、相手を「どういう人か」というとらえ方をすることはない。目の前にいるそのままが、私の「お兄さん」であり「お姉さん」である。でも改めて考えてみると、私が行かなければ自分の負担が増えるのに「どうして来られないの？」といちども聞かないってすごいかも。

父親に対してもこういう無償の愛のような接し方は私にはできないな。彼らに比べたら私は効率主義で計算高いところがあるな。子育てしてきた人って計画通りにいかないことに耐性があるな。そういう、家族でなく他人だったら「なかなかできることではない」「よくやっているな」と思いそうなことを、きょうだいに発見するわけです。

きょうだいとずっと仲睦まじかったわけではありません。姉とはライフスタイルが違うし、兄は3人での介護がはじまる前まで父と一緒に住んでいましたが、特に積極的には交流してきませんでした。

ですから、親の老後は不安でしたが、3人で協力して介護している姿は想像できませんでした。

でも、姉は父のことも介護スタッフとの関係もうまくマネージメントしてくれました。兄は父の衰えが進んでいたのを私たちの知らないところで抱え込んでいっぱいいっぱいだったのにそれをグチるでも恩に着せるでもなかった。

それを知っていくにつれ、3人では協力できそうにないなんて、私はなんと傲慢だったのだろうと感じ入るところがありました。

親が亡くなると残るものはきょうだいです。この人たちとこれからしっかりよい関係を作って年をとっていこう、との思いを新たにしました。

きょうだいが昔の関係のまま、ますます密になっていったというより、介護という経験を経て、関係を結び直した感じです。

でも相変わらずべったりではないです。兄も姉もそれぞれに体調がおもわしくなく病院へ検査に行くこともあるらしいけど、いちばん悪かったときには言わず、後からそうだったと聞くだけ。病院へいっしょに来てほしい、ではなく、ひとりで行っている。私も例えば検査の数字が悪くて不安な時期があったけど、きょうだいに言おうという発想はなかった。自分のことは自分でしている。そういう意味では、仲はよくても自立した関係と言えるかもしれません。

老後についても、姉には子供が2人いますが、彼らに面倒をみてもらおうとは思わない。彼らの子供の頃少しは面倒をみたけれど、見返りめいたものはまったく期待していません。

パートナーを亡くした後、残されたほうの不安

パートナーを亡くすのは、人間関係の変化のうちでも大きなものです。67歳の男性は妻を亡くして10年近く経ちますが、立ち直るどころか状況は悪くなっているそうです。その人を知る50代男性から聞きました。

アルコール依存症になり仕事の遅れ方がひどくなり、すると次の依頼が来なくなり収入は途絶えます。仕事のモチベーションがない、お金がない、人との縁も自ら切ってしまっている。家事はもともとしない人でした。

「男って弱いな」と50代男性は思い、最初は他人事のような気がしていましたが、「いや、待てよ、自分にもあり得る」と危機感をおぼえたそうです。自分は今は

家事もひととおりするけれど、パートナーを亡くしたら張り合いを失って似たようなことになるかもしれない。

妻に更年期症状が出てぐったりしていたのを機に「もしもひとりになったら」と考えるようになりました。この頃は知人でも親でもひとりになった男性がいると「カミさんが死んだ後の自分」と重ね合わせてしまうといいます。

パートナーの死はひとつの分かれ道ですが、女性はそこから元気になる人が多いと聞きます。

さきの50代男性には子供はいません。周囲には「不安定」とか「危ないよ」とか言われるけれども、自分としては教育費がかからないのをアドバンテージにとらえるようにしていると言っていました。

ひとりになったら仕事のモチベーションを保てるかということと、突然の病には不安があるそうです。今はパートナーがいるけれど毎日出勤するので、昼間は家に彼ひとり。

いちどパートナーが旅行でいないときに、家に残った彼が高熱を出し「このまま起きられなかったら死ぬんだな」。旅行に出る前のパートナーと小さな喧嘩をしているので「このままじゃマズい」と思い、熱にあえぎながら紙を用意し「ごめんなさい」と遺言めいたメモを残したとのこと。

他の何でもなく「ごめんなさい」だったところに共感します。私は家族と住んでいないので、家族に対してとは限らず、とにかく「ごめんなさい」と「ありがとう」はなるべくその場で言うようにしています。後で言うつもりでいて、その「後」がほんとうにあるかどうかわからない。病気をしてから、ことに年をとってきてからリアルに思うようになりました。

言葉や出来事の受け止め方は人それぞれです。いちいち「ごめんなさい」とか「ありがとう」とか言われると他人行儀に感じる人がいるかもしれない。

その逆で「なんでお詫びがないんだろう」「なんでお礼がないんだろう」と思う人もいるかもしれない。想像するとキリがないので、自分が気になったら言ってしまうようにしました。人間関係にどう作用するかわかりませんが、すっきりとした心持ちで暮らすには有効に思います。

ペットを含めて家族の計画を考える

いろいろな人の話を伺い気づいたのは、関係とは人間との間に限らない、ペットとの関係が生活の中心になっていたり、心のかなり大きな部分を占めていたりするということです。

50歳の女性は娘と2人暮らしですが犬を飼っており、とにかくもう可愛い、疲れたら犬に抱きつきほんとうに癒やされている、いろんなことを教えてもらっていると言っていました。服を買って着せたり、写真に撮ったりするのが好き。他に趣味はありません。ちょっとした手術を受けさせても10万円するなど結構お金はかかるけれど構わない、自分は車も乗らないし旅行もそんなにしないので、と言います。「家族」なんだなと思います。

犬の年と自分の年とを見据えて、将来も考えています。犬は今7歳、あと10年は生きてくれるとしてそのとき自分は60歳。その後は比較的年をとった犬を飼うことを考えています。子犬からだと、自分にもしものことがあったとき責任が持てないので。体力のことを考えたら小型犬を収入に合わせて飼っていきたい。散歩やトイレや食事の世話はシッターさんにも頼めるそうです。

何らかの方法でずっと飼っていきたい、「娘が家を出て行った後も犬とはずっといっしょに生きていきたい」ということです。

似たようなことを話していた女性がいました。下町で飲み屋さんをしていて、年は80歳近いと思います。のら猫を保護したのがお店にもたくさんいて「猫のいない人生は考えられない、最期の日も猫に看取られながらあの世に行きたい」って。まさに人生の伴侶なのです。

自分の老後は猫を看取ってから心配すればいい

68歳の女性も、保護猫だった猫を2匹飼っていました。1匹を5年間の看病の末に看取ったところです。週1回点滴を受けさせていたので、その間旅行なんてまったくしなかった。もう1匹残っているので「この子がいる限り死ねない」と、「夫婦2人のプロジェクトはこの子を看取ることだ」と言っていました。

老後についての話を聞かせてもらおうとすると、自分のことよりまず猫でした。飼い猫の老後が頭にあって、その先はあんまり考えられないということです。

知人でペットを看病の末に亡くした人がいます。彼女の言うには人間と違って彼らは、どこが痛いとか苦しいとか自分では言えないので、飼い主が判断して、必要な治療を受けさせるしかない。

人間の家族であれば、本人の意思がありますが、ペットの病気はすべての判断と意思決定を自分がするわけだから、亡くなった後も悲しい、寂しいだけでなく、「もっと早く気づいていれば」とか「受けさせた治療が間違っていたのでは」とかと自分を責める気持ちや後悔がいつまでも続くそうです。

それだけ責任の重いことを引き受けるのは、裏返しで言うと、たいへんな目的意識と張り合いです。可愛いとか癒やされるといった以上の何か強いものが、ペットとの間にはありそうです。世話をしながら支えられている。

自分の老後より
この子の老後!!

猫の看取りのことでいっぱいで、自分の死にはまだ実感を持てないというのは、それはそれで心の健康になっているのかもしれません。先のことまで考えず今に集中できます。

95歳で猫を飼っている女性も言っていました。「もうつまらないし、退屈だから早く死にたい」っていうことはペットがいたら絶対あり得ないと。自分が先に死んだらどうしようというのは、元気でいることへの動機付けになります。

ペットがいると毎日忙しいそうです。ご飯の世話やトイレの始末、犬だったら散歩にも連れていくし。一日にリズムができるし「ご飯だわ」「散歩に行かなきゃ」とか毎日していたら、ペットに引きずられて長生きすることもありそうです。

さきのご夫婦が猫のことに集中しているのは、子供がいないこともあるかもしれません。私も実は家に犬がいたらいいなとはずっと思ってきましたが、仕事で家を空けることが多いので飼えませんでした。

自分の不注意とか世話が行き届かないとかで死なせてしまったら立ち直れないかもと。ペットの最期まで責任を持ちたいという願いには、深く共感します。

話を聞いてみて考えたこと…⑥
今、いっしょに楽しめる人との関係を大切にする

人生の残り時間を考える年になってしみじみ思うのは、ストレスになるような人間関係はもうなるべく持たないようにしたいということです。ストレスにむしばまれる自分がもったいない、人生がもったいないと感じてしまいます。

義務で関係を保つことはしなくていいのかも。「先々この関係が必要になるかもしれないから、今はがまんして付き合っておこう」と考えるのも、今の私がもったいない。それよりも今を大事にしたい。

嫌だけれど仕方ないと思っていた付き合いが実は必要ないと気づいた話を、50代の男性から聞きました。

突破口となったのが「昼でもいいですか？」という言葉。そのひとことをみ

つけることを可能にしたのは、思いきって率直に言ってみるという姿勢です。それがお互いを楽にすると、ホームパーティーの経験から学びました。

きょうだいや親戚だと縁を切るのはなかなか難しいでしょう。苦手な相手なら必要最小限の関わりにとどめるのも、ひとつの方法です。

ただ時間が人を変えていくことは自分にも相手にもあり得るし、関係性も変わります。距離を詰めず、「この人とは一生だめ」とも決めつけず、時の流れに任せてみるゆとりも持ちたいです。

第7章

老後という「ひとりプロジェクト」を完成させよう

老後を考えるスパンは人によって違う

私がはじめて老後を不安に思ったのは30歳のときです。同世代の女性とそういう話をしていると男性には「ええっ！　なんでそんなに若くから老後の心配をするの？」ってていぶかしがるような、呆れたような顔をされました。

当時、女性はそのくらいの年で老後を考えている人が多かったようです。結婚をしている、してない、子供を持つ、持たないといったことが気になってくる年齢です。20代よりは体力がなくなって、今みたいな働き方がいつまでできるんだろうかと思う時期でもあります。

私とその周囲ではそうでしたけど、今回改めて人に話を聞くと、老後を考えるスパンがそれぞれ違っていて面白かったです。50代前半の男性は、自分が想像できることとは、最近では3年というスパンで考えていると言っていました。

例えば52歳の自分が10年先の62歳でどういう感じで、どういう仕事をしているか想像できない。でも3年後だったらなんとか想像できるから、3年間でいくらぐらいお金は必要だろうかとか、体の具合が悪くなったらどうしようとかと考えて、そのための情報収集をする。情報はかなり具体的です。周囲の手術した人に、実際いくらかかったかと聞くとか。

それもひとつの手立てだと思いました。長いスパンでとらえて漠然と不安に思っているよりも、スパンをうんと短くし、その間のことはかなり具体的に考えておくのは、不安を解消する有効な方法でしょう。

老いと状況は違いますが、私が前に病気をしたとき参加していた、患者同士が集まり話をするサポートグループで聞いた言葉が示唆に富んでいました。

状況の厳しい患者さんだったので、その人は自分を、闇夜を行く自動車に喩《たと》えていました。とりあえずヘッドライトの届くところまでを考える。何も見えないところのことを考えても仕方ない。そして、進んでいけば、その先の、それまで闇と思っていたところにも、進むべき道筋が見えてくるかもしれない。

生き方そのものもそうだし、治療に関しても、いつ新しい薬ができて、突然灯が灯るかもしれないし。お先まっ暗だから考えるのを放棄するというのではなく、希望を持ちつつ、今は今を全力で生きる、ということの比喩でした。状況が厳しい人が言うだけに、とても説得力がありました。

「今から数年先」だけ、具体的に考える

老いについても同様かもしれません。10年後や20年後のことを「そのとき生きていないかもしれないし」とまでは考えないけれど、年金とか介護保険が変わっているかもしれないし、高齢者をとりまく環境そのものが今現在と自分が老後を迎える頃とは、かなり違っているかもしれない。

例えば、私の前には団塊の世代という人数の多い世代があります。その人たちがシニアとして過ごした後は、さらなる経験値が蓄積されているでしょう。彼らの数に対応して作った高齢者の施設が、余ることも考えられます。

介護を提供する年齢の人口は減っていますから、外国人の介護者が増えるでし

ょう。あるいは介護ロボットの開発が進むとか。そうすると在宅でできる範囲も拡大するかもしれません。

今は今で施設見学などをして、現状をもとにどういうふうに生きたいかをイメージしておく。同時に「先々は変わり得る、想像しきれない部分もある」というスタンスを併せ持っておくのが健全なように思います。

30歳のときの自分も50代の今の自分も、先のこととして老後を考えています。それに比して、シニアと言われる年代にまさに入った70代の女性の話は、いわば現場からの報告です。

その人が言うには、10年先どころか、「70歳の自分ってこういう心境になるのか」というのは65歳のときですらわからなかった。71歳で75歳のことなど考えられない、74歳のことだって想像が及ばない。3年のスパンも長すぎる、せいぜい1年スパン。

来年何が起こるか、来年も今年と同じでいられるかどうかもわからない。だから、とにかく毎日、エネルギーの出し惜しみをしない。いつも出していないといざというときエネルギーが出ない。出ししぶっていると、固くなって縮こまっていくから、常に出して柔軟にしておかないと、と言っていました。運動の選手のコメントにもよくあります。試合では練習のとき以上の力はなかなか出せないと。私たちは、疲れるから本番のためにエネルギーをとっておこう、と考えがちです。老後の予行演習の時期から、エネルギーを使い果たすのはやめておこうと。でもそういう生き方では、実際にそのときになったら対応できないのかもしれません。当事者の言葉として、これも説得力がありました。

「多少ジタバタするかもしれないけれど全員死ねる」

わからないことは考えない、考えてもしょうがないから、というスタンスの人は、私が会った中に結構います。

いろいろな方にお会いして気づいたのは、私が老後を不安に感じるベースには、どうも従来型の家族のモデルがあるらしい。家族がいて、親の老後は子供がサポートするもの、自分は子供がいないから、親のサポートにおいて自分のしていたことを誰に頼めるだろう、という心配の道筋がある。

それに基づいて、例えばトイレに行けなくなったらどうしようと不安になる。自分の親は、私がトイレに連れて行ったり、付き添ってでもトイレに行くことができなくなったら、ベッドの上で大人用おむつを替えたりしていたけれど、そういうことを人に頼むのは、在宅で可能か？　どんな施設があるのか？　そのためのお金は？……などといろんな不安が押し寄せる。

でも人に話を聞くと、トイレにひとりで行けなくなったらっていう心配すら、リアルでない人もいました。年齢上は私より老後が近いはずの人もそうでした。トイレにひとりで行けなくなるみたいなこともあり得ますよね、と私から言うと、68歳にして、はじめて気づいたような感じで「あ、そうだわね。そうなったら困るわね」と。

私は介護の経験があり、年をとったらこういうことができなくなるのかと、目の当たりにしたためもあるかもしれません。そのかたの実のご両親は介護する機会がなく亡くなられ、95歳の義母がいるそうですが、勝手に生きてきたので子供の世話になることは考えず、老人ホームに入って面会も求めないと言います。「あ、そうだわね」とはじめて気づいたような反応は、私にはむしろ安心できるものでした。私は50代にしてひとりでトイレに行けなくなることを考えているけども、そんなに早くから心配しなくてもいいのかもと思えました。

しかもその68歳の女性は「みんなそれなりに死ねているじゃない」と言うのです。「多少ジタバタするかもしれないけど、絶対全員死ねるから、迷惑かけるかもしれないけど死んじゃったら知らないし」と言われ、何かほっとしました。

介護の経験の有無だけでなく、性格もあるかもしれません。私はやや（かなり？）心配症です。

68歳の女性も、年をとって何かできなくなる現実を見ていないわけではなく、マンションに住んでいるから、そう言われれば入浴サービスの車が来ているわねとか、元気で出かけていた人が車椅子に乗って運ばれていったりしているわね、という話は出るそうです。でも自分の老後と結びつけて心配するという発想は、希薄なようです。それに比べて私の心配は真逆、濃すぎるかもと思います。

人の話を聞くことは、安心につながります。「こう備えれば大丈夫」という情報を得られるからでは必ずしもなくて、「こんなに考えていなくても、毎日を明るく生きられる」と救われた気持ちになるのです。

「52歳を老後」と思っていた頃もあった

老後をリアルに想像できないうちからこんなに老後を心配していたのかと、今にして笑える出来事があります。30代そこそこで突然「老後に備えなければ」と一時払いの生命保険に入りました。保険金を年金方式で受け取れるものです。どういう設定をしたか詳細は忘れてしまっていたのですが、52歳で年金が支払われはじめました。年金開始の通知が来たとき、何かの間違いではないかと思いました。「52歳で年金って何？　早過ぎるでしょ」と。

きっと生命保険の営業の人から説明を受けて、そのときは妥当と思える設定をしたのでしょう。52歳でもう老後と、30代の私は考えていたのだなと驚きます。社会の通念でもまだまだ現役なのに。

細かな想像も同様です。30代の頃、家の中で重いものを運ぶたびに「私、50にもなっても60になってもこんな重いものを自分で運ぶのかな」と暗い気持ちになっていました。そのときの私は、周囲がどんどん結婚していくのに自分がそうでないことが気になっていたんだと思います。夫がいれば夫と協力してできるのに、といったひがみもあったでしょう。

実際は50を過ぎて立派に運んでいます。ミネラルウォーターをいつも配達してもらっていますが、2リットルの水のペットボトルが10本入った箱を、玄関からキッチンへ。単純計算して水だけでも20キロ、ペットボトルと段ボール箱の重さも加えたら21キロくらいのものを、ふつうに持ち上げている。そんなことひとつとっても、老後は遠いときの方が過剰な心配をするのかもしれません。

介護についても、親がまだ介護を要する状況ではまったくない頃、親が60代で自分は30にならないうちから、すごく心配でした。

姉は結婚して、昔ふうに言えば嫁いだ人だし子供も小さい。すると介護をするのはやはり私、そうなったら仕事はどうしようとか。でも実際に親を介護するときになってみたら、姉の子供は小さいどころか、とっくに成人して介護の大きな戦力になってくれた。

ひとことで言えば取り越し苦労がずいぶん多かったと、今にしてわかります。そのときになってから考えてもいいことがあるのだなと思います。

思っているよりも「定年後は長い」

70代の女性に言及するとき、シニアの年代にまさに入ったと述べたように、今の私は70歳を老後の入り口と思っています。けれど実際に70歳になったら、シニアのイメージとはずいぶん違うかもしれません。

今と同じように「締切が」とか「打合せに行かなきゃ」などとせかせかした日々を送っているか、それとも仕事は減っていて、そのぶんの時間を俳句とかズンバとかお金の掛からない趣味にあてて楽しんでいるか。

70代の女性がおっしゃっていたのは、イメージしているよりも定年後は長い。その方の実感としては、定年後を甘く見ていた。現役の頃は働くのに一生懸命で、その先をあんまり考えていなかったけども、実はかなり長いと思い知っているところだそうです。

ただ、その長さが嫌ではない。むしろ、老後という時間が人生にないと、人生がいびつなものになると言います。70代の人の言葉として、とても重く受け止めました。全力疾走のままで行ったら、何かが欠落したまま駆け抜けてしまうこともあるのだろうかと、考えさせられました。

長い老後を上手に楽しむための3つのコツ

長い老後、長い定年後を過ごす上で、夢中になれることはやっぱりほしいです。

「そう言われても趣味って、特にないんだけど」と思う人は少なくないでしょう。

が、ほんとうにそうでしょうか。

趣味はと聞かれて無趣味だと答えながら、ペットの話になると犬との暮らしをいかに楽しんでいるかを目を輝かせて語る人もいます。犬との時間がその人にとって、ほんとうに大きなものになっているのを感じます。パッチワークなどの一般的に趣味といわれるものでなくても、好きなこと、没頭できることが実はあるのではないでしょうか。

「老後にすることがあるのは大切って聞くけども、別にないし」と否定してしまう前に、自分に問いかけてみる。何もすることがないといっても、1日24時間を過ごしているわけだから、その中で何をしているときが幸せかと考えてみることからはじめてみます。

私の片付けが趣味というのは、そんなふうにして気づきました。片付けなんて一般には義務というか、したくないけどしなければならないことというイメージがあります。私も面倒は面倒。でも考えてみると、片付いた状態がやっぱり私は好きなのです。

ひとり暮らしなので、洗濯物を取り入れて畳まずにリビングに放り出しておいても、誰にも文句は言われない、リビングへは寝ている間は行かないから自分にとっても何の不都合もない、それでも畳んで所定の場所へ収納して、リビングもきれいにしてから寝たくなる。

好きと言えるかどうかを思えば、面倒ではあってでも片付けをしているときは結構幸せというか、落ち着きます。小さなことでもいいから、何をすることが自分は好きかを考えるのはおすすめです。

1、やりたいことリストを作る

これまでの人生で、したかったけれどあきらめてきたことは、たぶんあると思います。漫画を描くのが好きだったけれど親に叱られたとか、楽器を弾きたかったけれどお金がなくて買えなかったとか、団地住まいだったので近所迷惑になるからとか。もっと小さいことでも、誰に止められたわけでなくてもタイミングが合わなかったこととか、自分の固定観念で選択肢にないと思い込んでいたことが、あるでしょう。それをまずリストアップしてみます。

私は、ほんとうに小さいことを含めればたくさんあって、例えば、リビングの壁紙を柄物にしてみたい、水泳のクロールがうまくなりたい。

今行っているジムにクロールの教室もあるようですが、仕事をしている時間なので参加できません。クロールはうまく泳げるようになったら、水に浮いて、ほんとうに力を抜いてリラックスできて、ストレッチの効果もあると聞きます。無心になれて、リフレッシュにもなるだろうと思うと、すごくしてみたい。

旅行もしたいです。行ってみたいところだらけで、ヨーロッパはもうどこでもだし、トルコや、シルクロードの国々も。仕事で必要な本を買いに書店へ行っても、そばにかつての東ヨーロッパの国々を特集した旅行雑誌があると、手にとらずにいられません。雑貨がかわいいです。

ひと頃は北欧に目がいっていて、それもまだ行かずじまいですが、今は東ヨーロッパが自分の中でいわゆる「来ている」状態で、新聞にツアーの広告が載っていると、つい見てしまいます。もし1週間、どこでも好きな海外へと言われたら、チェコ、ポーランド、昔のソ連のバルト三国、エストニア、ラトビア、リトアニア。クロアチアは仕事で行きましたが、また行きたい国です。

私の仕事は、ひと月にしなければならない量はだいたい決まっているので、1週間旅行をすると、前後にものすごく詰め込むことになります。クロアチアに1週間ちょっと行ったとき、そのたいへんさが身にしみました。

でもフリーで働いているのだから本来は、前々から計画して仕事の量を調節すれば、できなくはないはず。嫌な仕事だったら無理してでも仕事から離れて旅行したくなるかもしれないけれど、そこまでしないのは、仕事が好きなのだと思います。

出張が続いて、1週間ほとんど原稿が書けないこともあります。週末も含めて何かしら出かける仕事があって、7日間のうち家にいたのは1日のみ。すると原稿を書きたくなるのです。仕事はずっとしているけれど、そのうちでも原稿を書いているときがいちばん自分のホームグラウンドにいる感じがします。

ホームグラウンドを持ちながら、その他にも「これをしたいな」ということが

YARITAI☆KOTO LIST
□家具などの補填をできるように
□クロールを習う
□ミシンで裁縫
□おひとりさまツアー参加
□ナレーションの仕事
□本を読んで勉強

あればうれしいです。50代半ばからの私は、ホームグラウンドはずっと変わらないけれど、身近なところで小さいながら初めての体験をしています。

例えば、さきに述べたホームパーティー。同じ業者さんに家のリフォームをしていただいたというだけのつながりで、見ず知らずの人のお宅に行くのは初めてでした。

そして、リビングでなく廊下のほんの一部分ですが、ついに壁紙を柄物にすることに！ 面積で言うと3メートル幅くらいで、しかも自分で張ったわけではなく業者さんに頼んだので、挑戦というのはおおげさですが、人生初のことには変わりなく、かつてなかったワクワク感です。それまで壁紙はじゃまにならず飽きが来ないのがいちばんで、白っぽい無地という発想しかありませんでした。

留学みたいな大きなプロジェクトはできないけども、できる範囲で少しずつ始めています。

2、人の役に立てることは自分の精神衛生上良い

したいことをリストにしていくと、自分のことばかりでは何かむなしく感じられます。それだけでほんとうにいいの？　と自分に問い直したい思いがわきます。そんな気持ちを救ってくれるのが寄付です。

ユニセフに加えてUNHCRを始めたと、第4章の終わりに書きました。難民の支援でユニセフとは別の組織ですが、支援のしやすさはユニセフと同じで、ほんとうに簡単にできます。

買いたいものがあってインターネットの画面を開くと、案内が出てくるのです。たぶん一時期ユニセフなどを調べていたから、検索履歴に基づくのでしょう。

難民の子供が栄養失調や病気になっていて1万円で栄養補助食何人分が送れるなどと読むと、1万円なら今の私はそのくらいの服を買っている、その服を着ないままリサイクルショップに持っていくことがある。

そのお金でこんなことができるんであれば、そっちの方が使いがいがあるなと感じる。で、そのまま、画面の「寄付する」をクリックするだけで、ほんとうに支援ができてしまうんです。

自分の満足を追い求めているとどこか、「人のために何もしていない私」という後ろめたさのようなものがつきまといます。楽しいさなかにも、背中を薄ら寒い風が吹き抜けるような。寄付はそういう、日常の中でふっと陥りそうな穴のようなところから、家にいながらにして抜け出させてくれます。身勝手な動機だけれど、それが私には救いであり、続けたくなる理由になっています。

「自分のことばかり考えているな、私」という思いに周期的にかられ、以前、突然、献血に行きました。駅前の献血ルームの前で、ＡＢ型が足りません、という立て札がいつも出ている。ＡＢ型の人は少ないらしく、私はたまたまＡＢ型です。

すると問診の結果、昔の病気の治療歴から献血ができないと言われました。

私は今はどこも痛くもかゆくもなくて、しかも少ないというＡＢ型で、献血する意欲は満々で、それでも役に立てないのはとても残念。それで逆に燃えてしまって探すうち、ＵＮＨＣＲへの寄付となりました。

献血は無理、自然災害があったとき寝袋と食糧だけ持ってすぐにボランティアに行く体力と根性にも欠けている、そんな私にもまだできることがあるのはとても励みになるし、自己肯定感というか、自尊感情のようなものが少し上がります。「人のために何もしていない私」という思いからの脱却です。年をとるとできないことが増え、人の世話になるけれど世話はできない、という場面が多くなっていきますが、その中で、まだできるというのはとてもうれしいです。

3、クヨクヨ考えるよりも手足を動かす

心がけておこうと思うのは、クヨクヨ考えるよりも手足を働かせようということ。何もしないでいると想像ばかりがふくらむ、往々にして悪い方の想像です。じっと座って、このままどうなっていくのかとか、ひとりでいて病気になったらとか思うよりは、とりあえず体を動かす。

病気をしていたときは、将来がやはり不安でした。じっと座っていると、こうしている今も自分の中でがん細胞が増えているのでは？　病気が進行しているのでは？　次の検査ではまた転移がみつかり、残り少ない命を告げられるのでは？　悪い方の想像がいくらだってふくらんでいきます。そんなとき「いや、じっと

座っていないで、まずはごはんを作ろう。がんがどうこうの前に、飢え死にしては元も子もない」と思い直して、とにもかくにも台所に立つ、というふうにしていました。

生き死にの不安で、ごはんどころでない気はしますが、そうした〝自己運営〟が結果として、かなり有効でした。後で精神医学の本を読んだり専門家の方と話したりして、実は不安との向き合い方として一般性のあることだと知りました。

今のは病の例ですが、これから来るのは老い。不安がつのったとき体をどれくらい動かせる状態かはわからないけど、悪い想像で頭がいっぱいになりそうなときは、なるべく動かすようにするつもりです。

高齢者向けの教室や施設で、ちぎり絵とか編み物とかを行うのも、全身は使わなくても指先は動かすからかもしれません。通院しているとき、お年を召した女性でビーズのアクセサリーとかアクリルたわしをくれる方がよくいました。いつもたくさん持っていて、待合室でそんなに話したことのない人にまで分けていて、付き添いの家族によれば、一生かかっても使い切れないんじゃないかと思うくらい作っているそうです。

無心になれることで、精神状態がよくなるように思います。そこへ人から「ありがとう」と言われることが加われば、自己肯定感も上がりそうです。

寂しいという感情に向き合ってみる

私は10代の終わりからずっとひとり暮らしですが、家族と長く暮らしてきて人生の途中から、それも後半の方になってひとり暮らしに変わるのは、ひとりになることそのものにインパクトがあるでしょう。そのとき、自分の感じる寂しさの中身をよく考えてみるのが、立ち直りのひとつのきっかけになりそうです。

パートナーとふたりで行動するのが常だった人なら、ひとりで行動していることそのものが、ほんとうの自分ではないような感じがするかと思います。あったものがなくなるのだから、その欠落感は自然です。

ただ、その中に、「寂しい人と見られているのではないか」という気後れがあるとしたら、それはまったく不要です。ひとりで行動する人はたくさんいるし、そもそも人のことなんてそんなに見てはいないものです。

寂しさの中でも、話せる相手がいない、気持ちを分かち合える相手がいないという寂しさは、なかなか厳しいものがあると思います。私もひとり暮らしとはいえ、病気のときそのことを知っている人、話せる人は何人かいました。

同じ体験をしていなくても、家族ががんだったので、私の今いる状況がなんとなく理解できる人。検査を受けて結果を聞きにいくのは来週とか、数値がちょっと悪くてもういっぺん行くとか、そんなことを言うくらいですが、それだけで私の気持ちを想像できる人。

もし、そういう人がまったくなくて、ひとりの胸に全部しまっていくのはたいへん。この先、年をとって身近にそういう人がいなくなったら、と不安です。

でもそうなったらなったで、探すと思います。話すことが必要だったら、病気の心配であれば病気の人のサポートグループに行くし、そういった深い話でないことをふっと話したい相手だったら、それはそれで、またできていく気がします。

何でもない日常のことで言葉を交わせる相手なら、そんなに親密でなくてもいいわけです。

寂しさの原因は「ひとりだから」ではない

知人の男性は、子供がなくずっと夫婦ふたりで暮らしてきましたが、70代で妻を亡くしました。それからは酒に浸り、睡眠薬でどうにか寝つくという日々で、ご本人曰く、死ねないから生きている状態だったそうです。けれど、こんなことでは妻が悲しむという思いから、なんとかふつうの生活を送るようにし、やがてお遍路さんの旅を思い立ちました。

歩いていると、妻がそばにいる、と感じる瞬間がたくさんあったそうです。ついてくる蝶々がいれば妻だと思い、ふいに追い抜いていく野うさぎがいれば、また妻が来たと思える。鎮魂のつもりではじめたのが、妻の存在をより感じ、妻への感謝の旅に変わっていったと言います。

結果だけ聞けば、強い人の話のようですが、妻を亡くしてしばらくはお酒と睡眠薬にすがっていたことを思うと、立ち直る力は誰にでもあるのではないかという気がします。このまま伴侶に死なれたら、ひとりになったら立ち直れないのではと不安な人、今まさに立ち直れずに苦しんでいる人は、同様の経験をした他の人の例に接すると、力を授かるかもしれません。

寂しさの中身をさらに掘り下げると、ひとりだから寂しい、人といるから寂しくないということはないと思います。自殺率は家族と同居している人の方が高いという数字を見たことがあります。『老後はひとり暮らしが幸せ』(辻川覚志著/水曜社)にも、家族と同居している人の方がストレスはむしろ大きいという調査結果が載っていました。

身近に人がいながら理解されない、あるいはネグレクトされる、その孤独感はたいへんなものだと想像します。身近に人がいなければ、孤独感はあっても、そういうものだと割り切りというか、あきらめがつくように思えます。

孤独とうまく付き合っていく術をみつけていくにしても、身近に人がいながら

ひとりでもさびしくないことはある

たくさんの人といても さびしいこともある

の孤独では、付き合っていく術をみつけるに至るまで、かなりの苦しみを通り抜けていかなければならなそうです。

逆に言えば、年をとっていくのはやはり心もとないし、死に向かっていくことには人と分かちがたい寂しさ、悲しさ、寄る辺なさがある、それを「ひとりだから」というところに原因を求めない考え方が大事だと思います。

さきに挙げた調査結果は、だから家族といない方がいいと言うためのものではありません。が、家族といることによる孤独もあると、心のどこかに留めておけば、すべての寂しさをひとりであることに帰する発想をしないですみます。

孤独死よりも「在宅ひとり死」

ひとりで生きていくことを思うと、最終的には孤独死が頭に浮かぶかもしれません。今回、年長のかたがたの話を伺って、孤独死がすごく心配という人がいなかったのが意外で印象的でした。

孤独死という言葉が出たのはいちどきりで、それも「私は自宅で野垂れ死にたい。孤独死と言われようと言われまいと、別にいい」という文脈です。

母親が80いくつとか90代とかで遠隔地でひとり暮らししている人たちからも、母親が孤独死の不安をもらしたという話もありませんでした。

年齢などの条件でいえば可能性の高い、いわば当事者たちがそうだと、孤独死は何かイメージが先行している気がしてきます。

さきの寂しさの中身を考えるのと同じように、孤独死の恐怖の中身を、私はよくよく覗き込んでみました。いちばんにあったのは、人がいて救急車を呼んでもらえたら助かるところを、ひとりだから呼べなくて助からないのは残念すぎるという気持ちでした。

社会学者の上野千鶴子さんは「在宅ひとり死」なる言葉を用いています。たしかに孤独死だと、呼び方にネガティブなイメージがあります。

在宅ひとり死は独居の在宅死、家族がいなくても住み慣れた家で死ぬことをかなえる、そのために必要なことは何かを、上野さんは探りました。

上野さんが投げかけているのは、息を引き取る瞬間に遠く離れていた家族や親族に全員集合してもらう必要があるのかと。そうした看取り立ち会いコンプレックスから卒業していいのでは、ということだと私は受け止め、共感しました。

孤独死は定義としては、立ち会い人がいなくて死後一定時間以上経過して発見され、事件性のないものだと聞きました。

楽観かもしれませんが私は、孤独死は老いのひとり暮らしの終着点では必ずしもない気がしています。年をとるとそれなりに、健康管理につとめます。そうはしていてもだんだんに体の機能が衰えますが、そうなるとヘルパーさんや訪問看護師が来るとか、病院に入るとか、施設に入るとかするでしょう。

すなわち死に至る前に人が関わる段階がありそうで、そう考えると、70歳、80歳、90歳とひとりで年をとるならば行き着く先には孤独死が待っている、といったネガティブなイメージにとらわれる必要はないと思えるのです。

突然死がいちばんあり得るのは、脳であれ心臓であれ、血管が詰まる方かと思うのですが、それは生活習慣によりある程度リスクを下げられます。例えば、血液をあまり詰まりやすい状態にしておかないよう、青魚を食べましょう、みたいな話になるかもしれません。

がんはやはり、だんだんに進行するので、それまでの間に自分で終末期の態勢を整える人が多いです。そう考えていくと孤独死って、言われるほどの恐怖なのかなと、少し冷静になれます。

ヒートショックもリスクです。家の中の温度差が原因で、お年寄りがお風呂の前後で亡くなるニュースはよく聞きます。知人のひとり暮らしをしていたお母さんもお風呂場で亡くなって、発見まで時間を要したということで、娘である知人はたいへん心を痛めていました。私も家が寒いのでその不安はあったので、リスクを下げるべく住宅改善をしました。

仕事をリタイアし人と会う約束がなくなると、家で突然亡くなって発見が遅れる怖さもあるでしょう。お話を伺った中には、それだから仲間でＬＩＮＥをしているという例がありました。私だったら新聞をとっているのが、気づいてもらえる対策になりそうです。

孤独死と言われるものの中身を順々に分けてみて、こうしてリスクを一つひとつ減らしていけば、それほど恐れなくていい気がしてきます。

リスクはゼロにはできないから、残念ながら時間が経過して見つかることになるかもしれない。そのようすは悲惨と聞くけれど、悲惨と感じる本人はもういないわけです。孤独死でつらいのは自分よりも、さきの娘さんのような家族とか周りの人なのでしょう。

私ももう少し年をとったらきょうだいに、こういう生活をしているから一定時間経ってわかることもあるかもしれないけれど、あまり可哀そうに思って心を痛めないでくださいぐらい言っておこうと思っています。

浅く広く、弱いつながりで生きる

シルバー人材センターのような新しいネットワークに関わっていくと、孤独死を防ぐことにつながるかもしれません。「ウィークタイ」といわれるものです。

かつての家族のような強いつながりではなく、弱いつながり。

東日本大震災より前のひと頃は、無縁社会といったことがよく言われました。単身世帯が増え、かつてしがらみでもあった反面セーフティネットの機能も持っていた地縁、親族の縁なども薄れ、孤立した人が多くなっていく。パラサイトシングルも問題になっていました。

家族という枠内で閉鎖的な人間関係だけを結んでいると、親はいつか亡くなるわけで、行き着く先は無縁社会といった文脈で語られていたかと思います。従来的な深くて強いつながりよりは、浅く弱いつながりを広く持っていくのがこれからなのではないか、といった話が出ていました。そのとらえ方は今でも有効な気がします。

他方、東日本大震災後、絆という言葉が急によく使われるようになりました。絆といっても実際に起きているのは、従来的な堅い、太い絆というより、知らない者同士が助け合う、何のゆかりもない地にボランティアに行くといった、広いつながり方ですね。日本人にとって震災の経験が、家族という枠内を超えなければば立ちゆかないと知る経験になったのかもしれません。

ウィークタイでつながって、浅く広いセーフティネットの中に入っていく。それが少子化時代の高齢者の生きる方法かと思います。

身近な人のいいところを少しずつまねる

こうなりたいと思う、憧れの高齢者と言えば、著名でなくても身近な人に、こんなふうになりたいと思うことはたくさんあります。例えばジムでよく会う人は、私より10は年上のようだけれど、1日に3レッスンも出ていてとても元気。帰りがけなどスポーツウェアでないときに会っても、コクーンシルエットのパンツにニット帽かなんかをかぶって若々しい。

仕事はしていないそうです。子供も結婚して家を出て、夫はいるのかどうかわからないけど、特に何もすることはない。寂しいお年寄りになりかねない状況ではあると思います。

人からすごく必要とされている実感や、社会とのつながりは持ちにくい。でも毎日ジムに来るという習慣を作って、生き生きと日々を送っている。そういう人に会うと、老後をうまくマネジメントしている人は周囲にもたくさんいるなと感じます。

モデルを身近に探す視線は大切にしたいです。女優の草笛光子さんとかだとステキだけどもやはり遠い人と思ってしまいます。80代でひとり芝居のできる体力を維持しているのは立派だけれど、私には別に舞台稽古とかないし、トレーニングマシンを置けるほどの広い家ではないし、などとそこで止まってしまいます。

それよりは、スケールはもっと小さくていいから、真似したい、真似できそうなところのある人を身近にたくさんみつけておく。そういう人をこちらから探す視線は持っていたいです。その人の全部を知らなくていいし、全部を似せる必要もない。それこそジムで目にするちょっとした姿だけでも、「ああいうのっていいな」と思えたらいい。

断片的なモデルです。買い物にいった店で自分より年上の人が店の人にとても感じのいい話し方をしていると、取り入れたいと思うようなことはしょっちゅうあります。その人のプライベートなんてまったく知らないけれど、心が安定していると人にこんな感じのいい口の利き方ができるのかなとかと想像し、では、自分にとって心を安定させられることってなんだろうと考えはじめます。ヒントはいろいろなところに転がっています。

変わっていけるというしなやかな強さ

変わっていくって大事だと、この年になって感じます。

少し前までは「変わらぬ自分」を打ち立てたいなどと気負っていたけれど、今は守りに入ることなく変わっていける人になりたい。

年をとるにつれ状況はどんどん変わります。所属先も立場も、さらに体の状況もできることとできないことが変わっていく。シルバー人材センターのかたもおっしゃっていました。会員登録をし、それまでいた組織での地位がなくなるところでひとつの大きな変革がある。そして活動しはじめてからも、去年できていたことが今年はできなくなる場面が出てくるそうです。

その状況を認めて、人からの指摘にも素直に耳を傾けて、昔の価値観にしがみつかない。話としてはうなずけるけれど、言うは易く行うは難しで、自分がそうなったらすんなりと受け入れられるかどうかはわかりません。でも心に留めておきたいです。

シルバー人材センターもやがてはリタイアするときが来ます。いっしょに活動する仲間が、ようすが変だと思って声をかけることもある。そんなとき「いや、自分はまだできる」と頑張るかどうかが難しいところです。人に言われるまでもなく、自分で「そろそろだ」とわかることも多いといいます。病気になったり、今までと同じ作業をしていても体がつらいと感じたりして退会していく。

辞めることには決断が要ります。せっかくはじめた第2の社会活動なのに、ここをリタイヤしたら何があるだろう、という不安や寂しさもおぼえるでしょう。でも、活動の中でつちかったネットワークは残ると、私は信じます。悲しい退場だけではけっしてないと。

昨日できたことが今日できないことを認めずにいては、ともに活動している仲間と軋轢《あつれき》ができてしまうかも。が、状況を受け入れて、うまくリタイアしていければその後もよい関係を続けることはできそうです。

私が訪ねたシルバー人材センターではさきに述べたように阿波踊りの連があると聞きました。皆といっしょに踊れなくなっても、車椅子に乗って阿波踊りを見にいき応援するとか。

理想論と言われるかもしれませんが、似たようなケースが現実にありました。地域のお祭を先頭切って盛り上げていた男性が、がんが進行しほとんどベッドで過ごすようになって、最期を自宅で迎えることにしました。

今年の祭はもう参加できないのだなと思っていたら、祭の当日、神輿《みこし》の列がわざわざその人の家の前を通って、彼の寝ている窓辺で止まって、わっしょいわっしょいとずっと応援の声を送っていたのです。そのようすをビデオで見て、胸が熱くなりました。神輿を担げなくなっても、祭に参加できたのです。

いつどんな病気になるかは誰にもわからない

大きな病気をしてつくづく思ったのは、健康だと思い込んでいたけれども、病気はなるものなのだなということです。

がん家系とかがん性格なんて、いかにアテにならないかを感じます。家族の中で私がいちばん年下ですが、いちばん先にがんになり、両親もきょうだいもがんではない。性格は真面目ではあるけれど、おおざっぱなところはおおざっぱで、基本的に明るく楽観的。世の中で言われるがん性格にはあてはまりません。

がんになると痩せるとか聞くけれどそうとは限らず、まるまると太っていてもがんと診断される人はいます。知り合いはマラソンが趣味でフルマラソンも完走していたのに、進行したがんがみつかって、周囲のランナーは、がんでもふつうに走れることに衝撃を受けていました。ふつうに走れる以上、私はがんではない、とどこかで過信していたそうです。

なので自分に関係ないと思わず、検診は受けてほしいと思います。悪い結果が出るとがっかりするけれど、治療法もいろいろ進んでいるので、昔の身近な誰かがれがんで苦しんでいたイメージをそのままあてはめ落ち込んでしまわずに、説明をよく聞き、自分でも少し調べて、治療をどう受けていくかを考えましょう。

情報収集して治療を受けて、それが一段落したら、生活の中でのがんとの付き合いがはじまります。

がんのいちばんのリスクは加齢とも聞きます。健康で暮らしてきた人も、高齢になると誰もが何らかの病気と出合います。病気を抱えてどう生きるかは、似た状況にある人の話や、生きる姿そのものが、私は大いに参考になりました。病のときこそ、周囲へ目を向けたいです。

老後は自分で充実させる「ひとりプロジェクト」

70代の女性が語っていました。若くて所属先のあるのは人生の半分でしかないと。所属先というのは例えば職場という共同体、あるいは家族という昔ながらの所属先もあるでしょう。その職場がなくなり家族の形も変わっていくときが、必ず来ます。そのときにアイデンティティをどう再構築するか。

世の中ではたぶん、老人と一括りにされるけれど、自分はどうありたいかと方針を立て直すことになります。

70代の女性から出た名言が「老後はひとりプロジェクト」。自分でしか充実させられない。たいへんではある。でも逆に言えば、自分でどうにかできることなのだと。充実が人に左右されない。

もちろん外的な要素は影響します。わかりやすい例では、予期せぬアクシデントで骨折してしまうなどは、自分でどうにかできないこと。そういう不如意も増えていくだろうけれど、それもなんとか受け入れて、折り合いをつけつつプロジェクトを完成させていく。そんなイメージを、その人の話から抱きました。

家族が所属先だったときは、誰々の妻、誰々のお母さんという属性が、好むと好まざるとにかかわらずあったでしょう。家族という単位で生きてきた人生があり、途中からそのわかりやすい属性がひとつずつ外れていくのは、何か収まりの悪い感じで、漠然たる不安があると、ほかの経験者も言っていました。

子供と縁が切れるわけではないけれど、独立して、結婚し別の家族になり、やがて夫も亡くなって、単位の崩壊というのでしょうか、家族という単位の中にいた自分ではなくなり、個という単位で社会の中へ放り出される、これから体力、気力の弱っていくちょうどそのタイミングで、新たな自分のみの単位として放り出される感じ。その寄る辺なさを語っていました。

ただ、どうでしょう。子供も自分のように家族を持つものと思っていたら結婚しない、孫のいる老後どころか、いつまでも子供として家にいる可能性もあります。それはそれで理想の老後と違ってきそうです。

今のシニア、ましてやこれからシニアになっていく人は子供にあまり期待していなそうです。自分の親をなるべく自分で看ようとするところまでは従来的な家族の単位の発想かもしれませんが、同じありかたを自分の老後には考えていない。

ノンフィクション作家の久田恵さんはお母様を長く介護したかたですが、そのあたりはハッキリしています。書かれたものやお話しされたものを読むと、今の子供世代は生活力がないし、親はゆくゆくは住まいを売ってそのお金で自分に合ったホームに入るつもりでいても、子供に乗っ取られて好きにできなくなるかもしれない。なるべく早く離れた方がいい、といったことを述べていらして、そういう軽やかな切り替えができるのはすてきです。

自分が親にしてきた支え方を、次の世代にしてもらおうとはこれっぽっちも思っていない。自然体で発想を転換していて、あのかたも私はモデルのひとりにしています。

おわりに

この本では、他の人はひとりの老後のどんなことが不安で心配なのかなと聞いてみました。

50代と60代ではガラッと変わるという人もいました。

その女性は60代後半にしてはじめて老いを感じたそうです。それまではヨガで体を整えているから大丈夫という過信があった。夫が心臓を悪くして血圧計を買ったのを機に、ついでに自分も測ったら上が180もある。循環器科に慌ててかかるとやはり高い。自覚症状は特にないけれど「このままでいたら危ない」と医師に言われ、薬を飲むようになったと。

インフルエンザの予防注射すらしたことがなく、初めてしたところ、なんとインフルエンザのような症状になり、免疫機能の弱っているのを痛感。それまで周囲のお年寄りから、膝が痛いとかあちこちに不調の出る話を聞いてもピンとこなかったけれど、自分がまさにそういう年代になったのだなと言っていました。

50代の私も昔とは違うなとはよく感じますが、もっとハッキリ老いを意識する瞬間が遠からず来るでしょう。

ひとりについての著作が多い私は、ひとり暮らしの達人のような位置付けに何となくなっていますが、ひとり老後については方策が定まっていませんでした。長年のひとり暮らしの経験値とその中で備わってきたある程度の覚悟、それでも持っているひとりの老後への不安。ごくふつうのシニアのかた、あるいはシニアを迎えようとしているかたが、どんなふうに老後をとらえ、不安と向き合っているか、どんな備えをしているか、リアルな声を聞いてみたいと思ったのです。

「ふつうのことは、文字になりにくい」。20代のとき仕事をいただいていた雑誌の記者が言っていたことですが、今回、いろいろなご縁を頼って実現しました。

貴重なお時間を割いて下さり、老いや病、仕事がなくなったときのことやエンディングのことまで、初対面の私に心を開いて語って下さったかたがたには、ほんとうに感謝しています。私自身、これからもいろいろなことが起こるだろうけれど、驚きとまどいながらも、変わることをおそれずにいたいと思います。

２０１９年７月

岸本葉子

文庫版のためのあとがき

この3年の間に世の中は大きく変化しました。不安を抱きながら、人との接触が制限される中、生活を組み立て直さないといけない。デジタルが苦手と言っていられません。対面での買い物もネットに変えて、連絡方法にＬＩＮＥを導入。誰とも会わず、声の出し方を忘れそうな日々が続きました。

そんな折り、あるところで読んだ70代の女性の話があっぱれでした。外出の機会がなくなり家で始めたのが、ひとりピンポン。家の廊下と壁を使って打つのだそうです。音も軽やかで気持ちがいいと。１００年に一度のパンデミックなんて予測不可能、自分のコントロールを超えています。その中でもコントロールできる部分を探して、不安に押し潰されず楽しんでいる。

人と接しない暮らしが、いかに多くの人に支えられているかも痛感しました。ネットで日用品をまかなえるのも、無数の人による縁の下の働きがあってこそ。対面しないところで支えてくれている人を含め、人への感謝を忘れずに、ひとり老後を充実させる模索を続けていきます。

２０２２年12月　岸本葉子

本書は、『ひとり老後、賢く楽しむ』（文響社刊／２０１９年７月）を文庫化したものです。文庫化にあたり加筆・修正を致しました。
尚、本文中の年齢、情報は単行本当時のものです。

本文デザイン：石間淳
本文イラスト：伊藤ハムスター
校正：あかえんぴつ
企画・編集：矢島祥子（矢島ブックオフィス）

岸本葉子（きしもと・ようこ）

1961年神奈川県鎌倉市生まれ。東京大学教養学部卒業。生命保険会社勤務後、中国留学を経て文筆活動へ。日々の暮らしかたや年齢の重ねかたなどのエッセイの執筆、新聞・雑誌や講演など精力的に活動し、同世代の女性を中心に支持を得ている。

主な著書『ちょっと早めの老い支度』『俳句、はじめました』（角川文庫）、『50歳になるって、あんがい、楽しい。』『50代の暮らしって、こんなふう。』『50代ではじめる快適老後術』『ひとり上手』（だいわ文庫）、『50代、足していいもの、引いていいもの』（中央公論新社）、『わたしの心を強くする「ひとり時間」のつくり方』（佼成出版社）他多数。

岸本葉子公式サイト
https://kishimotoyoko.jp/

だいわ文庫

ひとり老後《ろうご》、賢《かしこ》く楽《たの》しむ

著者　岸本葉子《きしもとようこ》

二〇二三年一月一五日第一刷発行

発行者　佐藤 靖
発行所　大和《だいわ》書房
東京都文京区関口一―三三―四 〒一一二―〇〇一四
電話 〇三―三二〇三―四五一一
フォーマットデザイン　鈴木成一デザイン室
本文印刷　信毎書籍印刷
カバー印刷　山一印刷
製本　小泉製本

ISBN978-4-479-32041-8
乱丁本・落丁本はお取り替えいたします。
https://www.daiwashobo.co.jp